정다운 우리나라
동물 이야기

《정다운 우리나라 동물 이야기》는 초등학교 교과서의 이런 단원과 관련이 깊어요.

 2학년 1학기 국어
2. 알고 싶어요 〈동물들은 어떻게 잘까요?〉

 3학년 1학기 국어
4. 마음을 전해요 〈어흥, 호랑이를 만나 볼래?〉

 4학년 1학기 국어
2. 정보를 찾아서 〈시치미 떼다〉〈지지배배 제비의 노래〉

 5학년 1학기 사회
2. 최초의 국가 고조선 〈단군왕검 이야기〉

 1학년 1학기 슬기로운 생활
5. 자연과 함께해요

 3학년 2학기 과학
2. 동물의 세계

 6학년 1학기 과학
4. 생태계와 환경

오십 빛깔 우리 것 우리 얘기 50

정다운 우리나라

우리누리 글 • 허구 그림

주니어 중앙

추천의 말

어린이가 꿈을 키우는 터전

꿈 많은 어린 시절엔 장대한 역사와 위대한 문화유산에 관한
책을 읽는 것이 좋다.
거기에는 어린이가 꿈을 키우는 터전이 있기 때문이다.
감수성 예민한 어린 시절엔 흥미로운 그림을 통하여
재미있게 이야기를 풀어간 책이 좋다.
그것은 시각적 인식을 통해 어린이의 상상력을 자극하기 때문이다.
『오십 빛깔 우리 것 우리 얘기』는 이런 필요조건을 갖춘
고급 어린이 교양도서라 할 만한 것이다.

유홍준
(전 문화재청장, 현 명지대 교수,
『나의 문화유산 답사기』 저자)

이 책을 추천해 주신 선생님들

- 전래놀이, 풍속과 관련된 수업에 활용하고 있습니다. 옛 풍속과 관련해서 요즘에는 잘 사용하지 않는 용어들이 있어서 아이들이 어려워하는데, 이 책에는 사진 자료와 함께 쉽고 정확하게 설명이 되어 있어 아이들이 이해하기 쉽게 되어 있습니다.
  — 손영수 선생님(가사초등학교)

- 아이들이 우리의 전통문화를 쉽게 접할 수 있도록 도움을 주는 소중한 자료입니다. 우리 학교의 독서 퀴즈 대회에서 매년 사용하는 책이랍니다.
  — 성주영 선생님(도당초등학교)

- 우리의 옛 풍습과 문화, 관혼상제 등에 대해 자세히 설명되어 있어 수업을 하기 전에 미리 읽어 오라고 하는 도서입니다.
  — 전은경 선생님(용산초등학교)

- 우리의 문화와 역사를 초등학생들이 이해하기 쉽도록 재미있는 옛이야기로 풀어낸 점이 가장 마음에 듭니다. 초등 교과와 연계된 부분이 많아 학교 수업에 많이 활용하는 도서입니다.
  — 한유자 선생님(삼일초등학교)

김임숙 선생님(팔달초)	조윤미 선생님(화양초)	이경혜 선생님(군포초)	염효경 선생님(지동초)
오재민 선생님(조원초)	박연희 선생님(우이초)	박혜미 선생님(대평중)	이진희 선생님(수일초)
최정희 선생님(온곡초)	정경순 선생님(시흥초)	박현숙 선생님(중흥초)	김정남 선생님(외동초)
이광란 선생님(고리울초)	김명순 선생님(오목초)	신지연 선생님(개포초)	심선희 선생님(상원초)
문수진 선생님(덕산초)	정지은 선생님(세검정초)	정선정 선생님(백봉초)	김미란 선생님(둔전초)
김미정 선생님(청덕초)	조정신 선생님(서신초)	김경아 선생님(서림초)	김란희 선생님(유덕초)
정상각 선생님(대선초)	서흥희 선생님(수일중)	윤란희 선생님(안산시근로자시민문화센터어린이도서관)	

『오십 빛깔 우리 것 우리 얘기』를 펴내며
향기를 오롯이 담아낸 그릇

『오십 빛깔 우리 것 우리 얘기』 시리즈가 처음 출간된 지 어느덧 16년이 되었습니다. 그동안 수많은 어린이와 부모님, 그리고 선생님들의 사랑을 받으며 전 50권이 완간되었고, 어린이 옛이야기 분야의 고전(古典)이자 스테디셀러로 굳건히 자리매김해 왔습니다.

이 시리즈는 '소중히 지켜야 할 우리 것'에 대한 이야기를 어린이를 위해 '쉽고 재미있게' 풀어쓴 책입니다. 내용으로는 선조들의 생활과 풍습 이야기, 문화재와 발명품 이야기, 인물과 과학기술·예술작품 이야기, 팔도강산과 고유 동식물 이야기 등 우리나라 역사와 전통문화 모든 영역을 총망라하고 있습니다. 그리고 이를 50가지 주제로 엮어 저학년 어린이도 얼마든지 볼 수 있도록 맛깔나는 옛이야기로 담아냈습니다. 장대한 역사와 위대한 문화유산을 배우기에 옛이야기만큼 좋은 형식도 없기 때문입니다.

대한민국 국민으로서 알아야 하고 전해야 할 우리 것, 우리 얘기는 아주 많습니다. 그동안 이 시리즈를 통해 많은 어린이가 우리 것을 알게 되고, 우리 얘기를 사랑하게 되었을 것입니다. 시간이 흘러도 역사와 전통문화의 향기는 변하지 않기 때문입니다.

하지만 저희는 그 향기를 담아내는 그릇이 그간 색이 바래고 빛을 잃었다는 사실에 가슴이 아프고 안타까웠습니다. 그래서 책에서 전하는 우리 것의 향기를 오롯이 담아낼 수 있는 새로운 그릇을 찾고자 하였습니다. 그 그릇을 통해 향기가 더욱 그윽해지고 멀리까지 퍼져서 수백 년, 수천 년 전의 우리 것이 오늘날에도 살아 숨 쉴 수 있도록 생명력을 주고자 하였습니다.

이에 몇 가지 원칙을 가지고 『오십 빛깔 우리 것 우리 얘기』 시리즈를 새롭게 출간하게 되었습니다.

◎ 원작이 가지는 옛이야기의 맛과 멋을 그대로 살렸습니다.
◎ 요즘 독자들의 감각에 맞추어 디자인과 그림을 50권 전권 전면 개정하였습니다.
◎ 교과 학습의 길잡이가 될 수 있도록 연계 교과를 표시하였습니다.
◎ 학습정보 코너는 유익함과 재미를 함께 줄 수 있도록 4컷 만화, 생생 인터뷰, 묻고 답하기 등으로 내용을 재구성하였고, 최신 정보와 사진을 수록하였습니다.
◎ 도표, 연표, 역사신문, 체험학습 등으로 권말부록을 풍성하게 꾸며서 관련 교과 학습을 강화하였습니다.

이 책을 처음 읽었을 8살 꼬마 독자는 지금쯤 나라와 민족에 긍지를 가진 25살 자랑스러운 대한민국 청년이 되었을 것입니다. 그 청년이 부모가 되어서도 자녀에게 다시 권할 수 있는 그런 책이 되기를 바라며, 이 시리즈를 오십 빛깔 그릇에 정성껏 담아 내어놓습니다.

주니어중앙

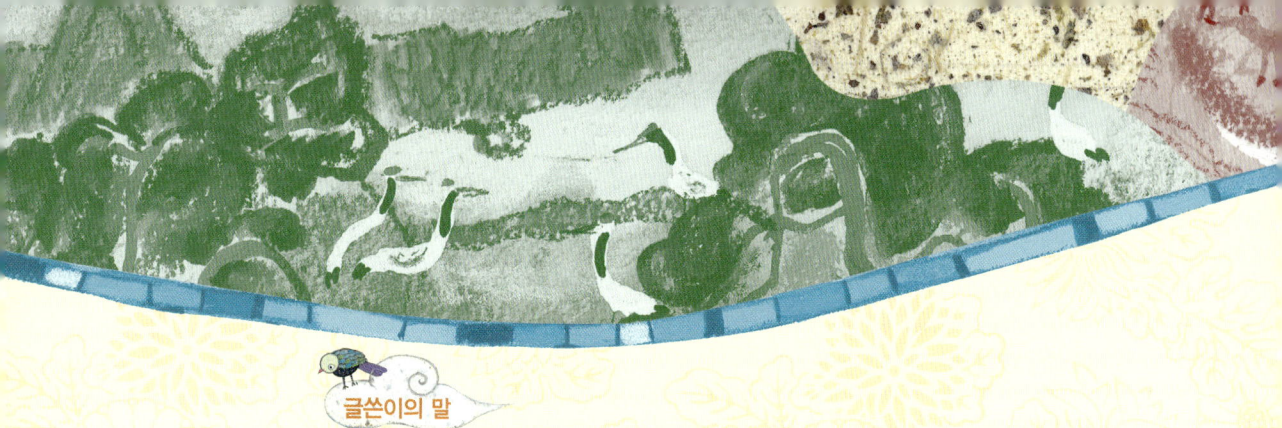

글쓴이의 말

친구가 되어 준 우리 동물

　우리나라는 산과 강이 비단에 수를 놓은 것처럼 아름다워 '금수강산'이라고 불리었어요. 이 아름다운 산과 강에는 싱그러운 나무와 예쁜 꽃, 크고 작은 동물들이 많이 살았었지요. 그래서 호랑이, 곰, 늑대, 여우, 토끼 같은 동물도 쉽게 만날 수 있었어요. 산은 일 년 내내 볼 수 있다는 텃새들의 노랫소리로 가득했었고, 강은 철 따라 날아오는 철새들의 날갯짓으로 분주했었어요.

　그만큼 우리나라 동물들은 사람들과 아주 가깝게 살았던 거예요. 그래서 옛이야기나 속담의 주인공으로 자주 등장하지요.

　그런데 어느새 호랑이도, 여우도, 곰도 보기 어려워졌어요. 요즘은 옛날 우리나라에 어떤 동물들이 살았는지, 혹은 지금 산과

  강에는 어떤 동물들이 살고 있는지 모르는 어린이가 많지요.

  동물은 사람의 친구예요. 지구에서 동물들이 사라진다면 사람들 역시 살아가기 어려울 거예요. 그래서 우리는 이제부터라도 지구에서 사라져 가는 동물들을 아끼고 보호하는 데 앞장서야 해요.

  이 책에서는 아주 오랫동안 우리 민족에게 사랑을 받아 온 십여 동물, 호랑이·진돗개·거북·여우·까치·곰·말·학·소·매를 재미있는 옛이야기와 함께 소개하고 있어요. 예전에 우리 땅에서 살았거나 지금 우리와 더불어 살고 있는 동물들을 올바로 알면, 동물을 사랑하는 마음이 더욱 커질 거예요.

어린이의 벗, 우리누리

차례

◉ 산에 사는 임금 **호랑이** 12
  백두 낭자 · 한라 도령과 함께 배우는 우리 동물 속담
  호랑이와 관련된 우리 속담 22

◉ 용감하고 의리 있는 친구 **진돗개** 24
  백두 낭자 · 한라 도령과 함께 배우는 우리 동물 속담
  개와 관련된 우리 속담 34

◉ 복을 주는 동물 **거북** 36
  백두 낭자 · 한라 도령과 함께 배우는 우리 동물 속담
  거북과 관련된 우리 속담 46

◉ 꾀 많은 동물 **여우** 48
  백두 낭자 · 한라 도령과 함께 배우는 우리 동물 속담
  여우와 관련된 우리 속담 58

◉ 반가운 소식을 전해 주는 새 **까치** 60
  백두 낭자 · 한라 도령과 함께 배우는 우리 동물 속담
  까치와 관련된 우리 속담 70

사람을 닮은 동물 곰 72
백두 낭자 · 한라 도령과 함께 배우는 우리 동물 속담
곰과 관련된 우리 속담 82

작지만 날쌘 재주꾼 제주마 84
백두 낭자 · 한라 도령과 함께 배우는 우리 동물 속담
말과 관련된 우리 속담 94

깨끗한 선비의 본보기 학 96
백두 낭자 · 한라 도령과 함께 배우는 우리 동물 속담
학과 관련된 우리 속담 106

성실한 일꾼 한국 소 108
백두 낭자 · 한라 도령과 함께 배우는 우리 동물 속담
소와 관련된 우리 속담 118

하늘의 사냥꾼 매 120
백두 낭자 · 한라 도령과 함께 배우는 우리 동물 속담
매와 관련된 우리 속담 130

부록 교과가 튼튼해지는 우리 것 우리 얘기 132
재미있는 동물 지명 이야기

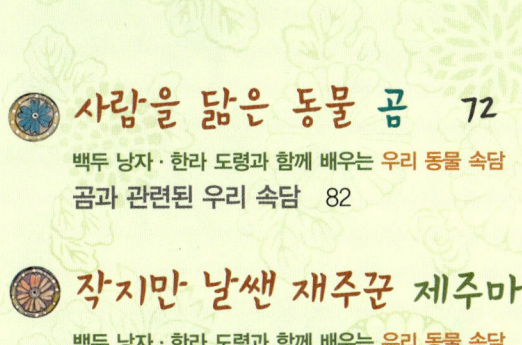

산에 사는 임금 호랑이

계룡산에 한 스님이 살고 있었어요. 그런데 어느 날 밤 스님 앞에 커다란 호랑이가 나타났어요.

"어흐흥!"

쩌렁쩌렁 울리는 호랑이 울음소리에 스님은 죽었구나 싶어 질끈 눈을 감았어요.

'이것이 부처님의 뜻이라면 할 수 없지.'

그런데 이게 웬일일까요? 당장에라도 덤벼들 줄 알았던 호랑이가 스님 앞에 얌전히 앉아만 있었어요.

이를 이상하게 여긴 스님이 살짝 눈을 떠 보니 호랑이가 입을 쫙 벌린 채 끙끙대고 있었지요. 호랑이의 목에 커다란 비녀가 걸려 있었던 거예요.

"끙……."

"저런, 많이 아프겠구나. 내가 도와주마."

스님은 호랑이 목에 걸린 비녀를 뽑아 주었어요. 그러자 호랑이는 인사를 하듯 꼬리를 흔들더니 바람처럼 사라졌어요.

"어흐흥!"

며칠 뒤, 산을 울리는 호랑이 울음소리가 들리더니 스님 앞에 그 호랑이가 또 나타났어요. 그런데 이번에는 입에 예쁜 처녀를 물고 온 거예요. 호랑이는 혼자 사는 스님과 예쁜 처녀를 짝지어주고 싶었나 봐요.

"고맙구나. 내가 널 도와주었다고 은혜를 갚으려는 거로구나. 네 뜻은 알겠지만 앞으로는 이런 짓을 하지 말아라."

"어훙!"

스님은 호랑이를 쓰다듬으며 타일렀어요. 그러고는 처녀를 집까지 데려다 주었지요.

딸이 호랑이에게 물려가 죽은 줄로만 알았던 처녀의 부모님은 깜짝 놀라 스님을 붙잡았어요.

"스님, 옷깃만 스쳐도 인연이라지요. 이것은 분명히 호랑이가 맺어 준 깊은 인연입니다. 부디 제 딸을 아내로 맞아 주세요."

하지만 스님은 고개를 절레절레 흔들었어요.

"그건 안 되오. 이 몸은 부처님을 모시는 몸이라 혼인을 할 수 없소이다."

그러자 처녀도 스님에게 간절하게 부탁했어요.

"스님, 정 안 되겠거든 저를 누이로 받아 주십시오. 누이로 삼아 주시면 스님처럼 열심히 부처님을 모시고 살겠어요."

그래서 스님과 처녀는 오누이가 되었어요. 두 사람은 산속에서 열심히 기도하며 부처님 말씀을 공부했어요. 그리고 세월이 흘러 불교의 도리를 크게 깨우치게 되었답니다.

나중에 스님과 처녀가 죽자, 사람들은 탑 두 개를 세우고 하나는 오라비탑, 다른 하나는 누이탑이라고 불렀어요. 이 이야기가 바로 계룡산 남매탑에 전해오는 전설이랍니다.

옛날 사람들은 호랑이를 동물 중 가장 무서워했어요. 호랑이는 아주 힘이 세고, 사나운 동물이니까요.

옛이야기 속의 호랑이는 고약하게 사람들을 괴롭히기도 하고,

사람들에게 은혜를 갚거나 도움을 주기도 해요. 곶감에 쫓겨 달아나는 우습고 어리석은 모습도 있고요. 사람들은 무시무시한 호랑이와 가까워지고 싶어 이야기 속에서는 호랑이를 착하고 어리석은 동물로 만든 거예요.

사람의 힘으로는 도무지 호랑이를 당해 낼 수가 없어서, 호랑이를 '산에 사는 신(산신)', '산에 사는 임금(산군)'으로 모시고 제사를 지내기도 했어요.

또 호랑이를 사람과 마을을 지켜 주는 수호신으로 삼기도 했어요. 그래서 귀신을 쫓을 때면 호랑이 그림을 걸어 두었고, 단옷날이면 쑥으로 만든 호랑이를 이웃에게 나누어 주곤 했어요. 힘세고

용감한 호랑이가 사람들을 괴롭히는 나쁜 귀신을 물리쳐 주기를 바랐기 때문이겠지요.

이제 호랑이에 대해 조금 더 살펴볼게요.

호랑이는 동물의 왕, 숲 속의 왕이에요. 힘세고 재빠르기로 호랑이를 따를 동물이 없어요. 5~6미터나 되는 넓이도 풀쩍 뛰어넘고 사람 키보다 더 높이 뛰어 어떤 짐승이든 마음대로 잡아먹지요. 큰 물소나 멧돼지도 앞발 하나로 쓰러뜨리고, 180킬로그램이나 되는 소를 300미터나 끌고 갈 수 있을 정도로 힘이 세요.

짝짓기할 때면 수컷 호랑이는 큰 소리를 내며 암컷을 찾아 온 산을 헤매요. 한 마리의 암컷을 두고 두 마리의 수컷끼리 싸움을 벌이기도 하지요. 그런데 수컷은 이렇게 힘들게 암컷을 만나서는 짝짓기가 끝나면 혼자 떠난다고 해요.

암컷은 새끼를 낳을 때가 되면 먹이가 많고 안전한 바위 동굴에다 보금자리를 만들어요. 나뭇잎을 물어다 푹신푹신하게 만든 보금자리에 2~6마리의 새끼를 낳지요.

갓 태어난 호랑이는 눈도 뜨지 못하고 잘 걷지도 못해요. 그래도 조금만 자라면 어미와 함께 사냥 연습을 하지요. 어미 호랑이가 반쯤 죽인 짐승을 물고 오면 새끼 호랑이가 죽이는 훈련을 하는

한국 호랑이는 백두산 호랑이라고도 불려요.

거예요. 이렇게 사냥 연습을 한 새끼 호랑이는 커서 아빠 호랑이처럼 훌륭한 사냥꾼이 된답니다.

 원래 호랑이는 우리나라를 포함한 동북아시아에 살았어요. 그러다 그중 한 무리가 몽골과 중국, 그리고 카스피 해와 이란 고원으로 옮겨 갔어요. 또 다른 무리는 인도, 자바, 인도네시아 같은 남쪽으로 가게 되었고요. 그래서 지금은 세계에 모두 여덟 종류의 호랑이가 살고 있어요.

호랑이는 사는 지역의 이름을 따 시베리아 호랑이, 아모이 호랑이, 카스피 호랑이, 벵골 호랑이, 자바 호랑이, 수마트라 호랑이, 발리 호랑이 등으로 불려요.

한국 호랑이는 매우 우람하고 용감했어요. 황갈색 몸에 검은 줄무늬가 있고, 몸길이 2미터, 몸무게도 200킬로그램이나 나갔지요. 한국 호랑이 중에는 사자보다 큰 호랑이도 있었다고 해요.

한국 호랑이는 시베리아와 만주 지방까지도 넘나들며 살았고, 옛날엔 이런 호랑이를 우리 땅 곳곳에서 만날 수 있었어요. 100년 전쯤만 해도 백두산, 태백산 등의 깊은 산뿐 아니라 마을 근처의 야산에도 호랑이가 불쑥 나타나곤 했대요.

그런데 일제 강점기 때 일본은 용감하고 날쌘 한국 호랑이의 모습이 한국 사람의 기상과 비슷하다고 생각했어요. 그래서 우리 민족의 기운을 없애려고 일부러 호랑이를 죽였지요.

결국 1921년 경주 대덕산에서 한 마리, 1924년 전라남도에서 여섯 마리를 잡은 뒤 안타깝게도 이제 우리나라 산에서 더는 호랑이를 볼 수가 없답니다. 백두산 일대에는 아직 40~50마리 정도의 호랑이가 살고 있다고 하니 그나마 다행이지요.

백두 낭자·한라 도령과 함께 배우는 우리 동물 속담

호랑이와 관련된 우리 속담

호랑이 선생님, 호랑이 영감 같은 말을 들어봤지요? 산속의 임금이란 별명에 맞게 속담에서도 호랑이는 용감하고 무서운 존재로 등장한답니다.

 ### 호랑이 개 어르듯 하다

속으로는 상대방을 해치거나 괴롭혀 제 잇속만 찾으려 궁리하면서, 겉으로는 위해 주는 척하는 모습을 비유한 말이에요. 또는 강한 사람이 좋은 말과 상냥한 얼굴로 약한 상대방을 마음대로 놀리는 모양을 말하지요.

 ### 호랑이 굴에 가야 호랑이 새끼를 잡는다

원하는 것을 얻으려면 꼭 거기에 맞는 일을 하고 기다려야 한다는 말이에요. 더 많은 것을 얻기 위해서는 모험과 용기가 필요하다는 뜻이기도 하지요.

 ### 호랑이 날고기 먹는 줄은 다 안다

누구나 다 아는 사실이거나 뻔한 일이기 때문에 굳이 숨어서 할 필요가 없다는 뜻이에요.

 ### 호랑이도 제 말 하면 온다

여러 사람의 대화거리에 오른 사람이 마침 그 자리에 나타나는 경우를 이르는 말이에요. 깊은 산에 사는 호랑이도 자기 이야기를 하면 찾아오니, 어느 곳에서나 그 자리에 없다고 남을 흉보아서는 안 된다는 뜻이기도 해요.

 ### 호랑이 꼬리를 잡은 셈이다

호랑이 꼬리를 잡고 있다면 아슬아슬하고 아주 위험하겠지요? 이 속담은 계속 붙잡고 있자니 힘이 모자라고, 놓자니 호랑이가 달려들 것 같아 이러지도 저러지도 못하는 처지를 이르는 말이에요.

 ### 호랑이 그리려다 강아지(고양이) 그린다

처음부터 너무 큰 욕심을 내다가 나중에는 생각과는 달리 초라하고 엉뚱한 것을 만들어 망신만 당하게 된다는 말이에요. 비슷한 말로는 '호랑이 잡으려다 토끼 잡는다'가 있어요.

 ### 호랑이도 제 숲만 떠나면 두리번거린다

아무리 능력이 뛰어난 사람도 환경과 조건이 바뀌면 조심하게 된다는 말이에요.

 ### 호랑이에게 물려가도 정신만 차리면 산다

아무리 위험한 상황이라도 정신을 똑바로 차리고 침착하게 대응하면 위기에서 빠져나올 수 있다는 말이에요.

용감하고 의리 있는 친구 진돗개

할머니는 며칠째 잠을 이루지 못했어요.

'아휴, 뒤숭숭해. 정말 이상한 일이야. 꿈속에 자꾸 백구가 보이니 말이야.'

얼마 전부터 이상하게 할머니의 꿈속에 먼 곳으로 팔아 버렸던 백구가 자꾸 나타났어요.

할머니는 마음이 답답해졌어요. 식구처럼 기르던 백구를 팔아 버린 일이 후회스럽기도 했어요. 하지만 백구는 너무 먼 곳으로 가 버렸기 때문에 다시 찾아오기도 어려웠지요.

할머니가 뒤척이다 일어나 앉았을 때였어요.

"컹컹!"

한밤중인데 개 짖는 소리가 들렸어요.

"컹컹!"

개가 또 한 번 짖어댔어요. 아주 낯익은 소리였지요.

이상한 생각이 들어 할머니는 얼른 바깥으로 나가 보았어요. 세상에나! 마당에는 할머니가 팔았던 백구가 서 있었어요. 그동안 얼마나 고생을 했는지 뼈와 가죽만 앙상하게 남은 채였지만, 분명히 백구였어요.

할머니가 백구를 판 지 일곱 달 만의 일이었어요. 백구는 옛 주인을 찾아 300킬로미터나 떨어진 대전에서 고향 진도까지 홀로 돌아왔던 거예요.

백구를 본 할머니와 마을 사람들은 가슴이 뭉클해졌어요. 돌아온 백구는 식구들과 함께 열두 살까지 살다 잠들었고, 사람들은 백구를 기념하는 백구상을 세웠답니다.

주인을 찾아 300킬로미터가 넘는 길을 찾아온 백구 이야기, 정말 감동적이지요? 이 이야기는 실제로 있었던 일이에요. 이야기 속 백구가 바로 우리나라를 대표하는 개, 진돗개랍니다.

진돗개는 재롱을 많이 부리진 않지만 무척 영리하고 용감해요. 몸이 날쌔 서양의 개보다 산도 잘 타 사냥에서도 큰 몫을 했어요. 진돗개는 보통 때는 조용하지만 사냥에 나서면 재빠르게 움직인답니다. 사라져 버린 짐승의 자취를 냄새로 용케 찾아내 너구리, 꿩, 오소리 같은 짐승을 물어 오곤 하지요.

또 웬만한 동물을 만나도 겁내지 않아요. 멧돼지 같은 짐승을 만나도 맞서 싸우고 한번 물면 절대 놓치지 않아요.

그럼 진돗개가 얼마나 용감한지 볼까요?

임진왜란 때의 일이에요. 한 일본 사람이 호랑이를 잡아 일본에 가져가기로 마음먹었어요. 그래서 떠나기 전까지 우리에 호랑이를 가두어 두고, 먹이로 진돗개 세 마리를 넣어 두었어요.

"어흥!"

"으르릉!"

밤새 우리 안은 호랑이와 진돗개가 서로 으르릉거리는 소리로 진동했어요. 일본 사람은 진돗개들이 살기 위해 있는 힘을 다해 버틴다고 생각했지요.

그런데 다음 날 호랑이 우리 안을 들여다본 일본 사람은 깜짝 놀라고 말았어요.

"아니, 어떻게 이런 일이!"

호랑이는 죽고 진돗개들이 살아 있었기 때문이에요.

진돗개는 예민하고 조심성이 있어 도둑이나 침입자도 잘 몰아내요. 임진왜란이 일어나기 얼마 전, 진도에 살던 진돗개들이 한꺼번에 육지를 바라보며 짖어 댔다고 해요. 이를 보고 마을 사람들은 큰일이 생기지 않을까 걱정했어요. 그런데 얼마 지나지 않아 정말 왜적들이 쳐들어왔다고 해요.

진돗개는 용감할 뿐만 아니라 충성스럽고 의리를 지킬 줄 아는 믿음직한 동물이기도 해요.

 우리 민족은 예부터 충성심이 강하고 의리를 목숨만큼 소중하게 여겨 왔어요. 그래서 나라가 위험에 빠지면 나라를 구하기 위해 당장 싸움터로 달려갔고, 약속을 지키기 위해선 목숨도 아까워하지 않았어요. 그런데 바로 그런 모습을 진돗개는 그대로 닮았어요. 그래서 사람들은 진돗개를 아끼고 사랑했지요.

 주인을 찾아온 진도의 백구 이야기에서도 알 수 있듯이, 진돗개는 처음 정을 준 주인에 대한 의리가 아주 강하답니다.

 1989년 강원도에서 있었던 일이에요. 한 남자가 진돗개 세 마리를 데리고 사냥을 하고 있었어요. 그런데 그만 발을 헛디뎌 절벽에서 떨어져 죽고 말았지요. 그 남자는 죽은 지 20일 만에 발견되었는데, 글쎄 함께 사냥을 갔던 진돗개 세 마리가 주인 곁을 떠나지 않고 그 자리를 지키고 있었다고 해요.

 이렇게 진돗개는 어려운 일이 닥쳐도 주인을 떠나지 않고 곁을 지키는 의리 있는 친구랍니다.

 그럼 충성스럽고 용감한 진돗개는 언제부터 우리나라에 살게 되었을까요? 여기에는 여러 가지 이야기가 전해져요.

옛날 중국의 한 무역선이 진도 앞바다에서 길을 잃었는데, 그때 배에 타고 있던 개들이 진도까지 헤엄쳐 와 진돗개가 되었다고 전해져요. 어떤 사람들은 고려 때 몽골 병사들이 데리고 다니던 군견이 진돗개가 되었다고도 해요. 또 신석기 시대부터 우리 조상들이 길러 온 개가 진돗개의 조상이라고도 하고요.

진돗개의 빛깔은 노란색, 흰색, 검은색 등 여러 종류예요. 귀와 눈이 삼각형 모양으로 날카롭고, 다리는 곧고 강하게 뻗어 있어요. 꼬리는 굵고 힘차게 말려 올라가 있거나 들려 있지요. 내렸을 때는 꼬리 끝이 다리의 뒷마디까지 닿아요.

수캐는 몸집이 크고 힘이 세며, 암캐는 영리하고 날쌔지요. 암캐는 한 번에 3~6마리의 새끼를 낳아요.

진도에서 태어난 진돗개 강아지의 목에는 '출산 증명서'가 붙어 있어요. 거기에는 사람처럼 엄마 개와 아빠 개의 등록 번호, 성별과 사진, 개 주인의 주소 그리고 강아지의 생일까지 적혀 있어요. 진돗개의 순수한 혈통을 지켜 나가기 위해서지요.

또 진돗개를 진도 밖으로 데리고 나가려면 꼭 허가를 받아야 해요. 진도와 육지를 잇는 다리에서 항상 검사를 하는데, 몰래 진돗개를 데리고 나가면 벌을 받아요.

한국 전쟁이 일어났을 때, 하마터면 우리나라에서 진돗개가 영영 사라질 뻔했어요. 전쟁 중이라 먹을 것이 귀했기 때문에 사람들은 보이는 대로 개를 잡아먹었거든요.

다행히 1962년 나라에서는 귀중한 우리 문화와 자원을 보호하기 위해 문화재 보호법을 만들었어요. 그래서 드물거나 귀한 동식물을 천연기념물로 정해 보호하게 되었지요. 진돗개는 그때 천연기념물 제53호로 지정되어 지금까지 보호받고 있답니다.

개와 관련된 우리 속담

우리 속담에서 개는 됨됨이가 형편없는 사람이나 능력이 모자라고 어리석은 사람을 낮추어 비유하는 데 주로 쓰여요. 개가 들으면 좀 섭섭하겠지요?

 ### 제 버릇 개 줄까

나쁜 버릇은 좀처럼 고치기 어렵다는 뜻이에요. '제 버릇 개 못 준다'라고도 하지요. 비슷한 속담으로 '세 살 버릇 여든까지 간다'가 있어요.

 ### 개 팔자가 상팔자

일이 바쁘거나 힘들 때, 옆에서 놀고 있는 개가 부럽다는 뜻으로 넋두리처럼 내뱉는 말이에요. 자신의 처지가 하도 나쁘니 차라리 개 팔자가 더 낫겠다고 표현한 속담이지요.

 ### 개도 안 짖고 도둑 맞는다

미처 손쓸 사이도 없이 감쪽같이 잃어버리는 것을 뜻하는 속담이에요. 비슷한 속담으로는 '도둑 맞으려면 개도 안 짖는다'가 있어요.

 ### 서당 개 삼 년이면 풍월을 읊는다
서당에서 삼 년 동안 살면서 매일 글 읽는 소리를 듣다 보면, 개조차도 글을 읽는 소리를 낸다는 말이에요. 즉 무슨 일이든 오래 접하면 자연스레 그 분야에 지식이나 배움이 쌓인다는 뜻이지요.

 ### 개 발에 편자
편자는 말굽에 대어 붙이는 'U'자 모양의 쇳조각이에요. 개 발에는 붙일 필요가 없겠지요? 그러니까 이 속담은 옷차림이나 지닌 물건 등이 어울리지 않거나 지나침을 뜻하는 말이에요.

 ### 하룻강아지 범 무서운 줄 모른다
하룻강아지는 하릅강아지에서 온 말이에요. '하릅'은 짐승의 나이를 가리키는 말로 한 살을 뜻해요. 그러니까 하룻강아지는 한 살 된 어린 강아지로, 사회 경험이 적고 지식이 얕은 사람을 비유한 말이지요. 이 속담은 뭘 모르고 생각 없이 덤벼드는 철없는 사람을 보고 놀리듯 하는 말이랍니다.

 ### 닭 쫓던 개 지붕 쳐다본다
열심히 닭을 쫓았는데 그 닭이 지붕 위로 달아나자 허망하게 지붕만 쳐다보는 개의 모습을 상상해 보세요. 얼마나 처량할까요? 이 말은 힘써 하던 일이 뜻대로 되지 않아 어찌할 바 없게 되었을 때 쓰는 속담이에요.

복을 주는 동물
거북

아주 오랜 옛날, 지금의 경상남도 김해 땅에는 아직 나라 이름도 없었고, 임금도 없었어요. 임금 대신 아홉 명의 우두머리가 마을을 다스렸지요. 아홉 명의 우두머리는 때가 되면 '구지봉'이라 불리는 거북 모양의 작은 산에 모여 제사를 지냈어요.

그런데 하루는 하늘에서 이상한 소리가 들려 왔어요. 아홉 명의 우두머리는 소리에 귀를 기울였어요.

"하늘이 이곳에 임금을 보내려 한다. 너희는 땅을 파며 노래하고 춤을 추어라. 그러면 곧 임금을 맞을 것이다."

아홉 명의 우두머리는 임금이 있었으면 하고 바라던 참이었어요. 그래서 하늘에서 시키는 대로 땅을 파면서 노래를 불렀어요.

"거북아, 거북아. 머리를 내밀어라. 만약 내밀지 않으면 너를 구워 먹겠다."

그랬더니 하늘에서 자주색 실이 내려와 땅까지 닿았어요. 실 끝에는 붉은 보자기에 싼 상자가 연결되어 있었지요. 우두머리들은 얼른 상자를 열어 보았어요.

"와, 알이잖아. 하나, 둘, 셋……. 모두 여섯 개야."

"이건 분명히 좋은 징조야. 우리 모두 이 알들을 잘 돌보세."

우두머리들은 알을 조심스레 마을로 가지고 왔어요.

12일이 지나자 여섯 개의 알에서 아이들이 태어났어요. 아이들은 부쩍부쩍 커서 10여 일이 지나자 키가 아홉 척이나 되었어요. 사람들은 알에서 태어난 아이들을 존경하며 받들었어요.

맨 먼저 알에서 깨어난 아이의 이름을 '수로'라 불렀는데, 수로는 커서 금관가야를 세우고 임금이 되었어요. 나머지 다섯 명의 아이들도 차례대로 나라를 세웠어요.

이 이야기는 《삼국유사》에 실려 있는 가야의 건국 신화예요. 《삼국유사》는 고려의 승려 일연이 쓴 역사책이지요.

옛날부터 사람들은 거북이 사람들에게 복을 가져다주는 신령스런 동물이라고 믿었어요. 그래서 아홉 명의 우두머리와 마을 사람들도 거북을 부르며 임금을 기다렸던 거예요.

옛이야기 속에는 어려운 일이 있을 때마다 거북이 사람을 도왔다는 이야기도 전해져요. 주몽이 고구려를 세우기 전, 부여의 군사들에게 쫓긴 적이 있었어요. 그런데 앞쪽으로 강이 흐르고 있어 더는 도망갈 길이 없었어요. 그때 거북과 까치 떼가 나타나 등으로 다리를 놓아 물을 건너도록 도와주었지요.

그리고 그런 전설 같은 일이 1969년 8월 태평양 바다 한가운데에서도 실제로 일어났답니다.

"풍덩!"

갑판 위에서 일하고 있던 김정남이라는 아저씨가 실수로 바다에 빠지고 말았어요. 그때 갑판 위에는 아저씨 혼자 있었기 때문에, 아저씨가 물에 빠진 걸 아무도 몰랐어요.

"살려 주세요, 살려 주세요."

하지만 야속하게도 배는 점점 멀어져 갔어요. 아저씨는 13시간이나 헤엄을 치며 바다를 헤매다 보니 힘이 모두 빠졌어요.

'이제 더는 힘이 없어. 아이고, 이제 나는 죽는구나.'

아저씨가 이렇게 생각하고 있을 그때, 바다에서 무언가 불쑥 솟아오르며 아저씨를 밀어 올렸어요.

"으악!"

아저씨는 깜짝 놀랐어요. 정신을 차려 눈을 떠 보니 커다란 장수거북의 등 위가 아니겠어요? 아저씨는 그렇게 몇 시간을 거북의 등에 매달려 있다가, 지나가던 배에 무사히 구조되었답니다.

거북은 사람이 살기 훨씬 오래전인 약 2억 년 전쯤부터 지구에 살았어요. 오늘날에는 모두 240여 종류의 거북이 살고 있는데, 우리나라에는 바다거북, 장수거북, 남생이, 자라 등이 있지요.

거북에는 땅에서만 사는 거북도 있고, 강이나 바다에서만 사는 거북도 있어요. 또 땅과 물 모두에서 살 수 있는 거북도 있고요. 하지만 어떤 거북이든지 알은 꼭 육지에다 낳는대요. 바다거북도 수천 킬로미터를 헤엄쳐 자신이 태어난 해변으로 돌아와 알을 낳지요.

어미 거북은 해변 모래 속에 알을 낳아요. 새끼 거북들은 태어나자마자 누가 가르쳐 주지 않아도 바다로 기어가요. 몸으로 파도가 밀려오는 방향을 알아내 바다 쪽으로 기어가는 거예요. 하지만 새끼 거북 중에는 바다에 이르기도 전에 큰 새에게 잡아먹히는 경우

도 많답니다.

거북은 자신을 지키기 위해 딱딱한 등껍질이 발달해 있어요. 거북은 등껍질 속으로 짧은 목과 손발을 감추어 몸을 지키지요.

우리 속담에 '자라 목 오므라들 듯 한다', '자라 보고 놀란 가슴 솥뚜껑 보고 놀란다' 라는 말이 있지요. 이 속담들은 모두 자라나 거북의 신기한 생김새나 행동 때문에 생겨난 거예요.

사람들은 거북을 보고 발명을 하기도 했어요. 둥글게 생긴 방패나 두꺼운 전차의 뚜껑은 거북의 등을 본떠 만든 거예요. 임진왜란 때 이순신 장군이 타고 많은 일본군을 무찌른 거북선도 바로 거북의 모양을 보고 만든 것이지요.

거북은 200년이나 사는 장수 동물이에요. 그래서 해, 산, 물, 돌, 구름, 소나무, 불로초, 학, 사슴과 함께 죽지 않는다는 열 가지 자연물인 '십장생' 가운데 하나이기도 해요.

거북이 이렇게 오래 살다 보니, 사람들은 거북에게 여러 가지 힘이 있다고 믿었어요. 그 가운데 하나가 미래를 내다보는 능력이었어요. 그래서 사람들은 거북의 등껍질을 태워 열에 의해 갈라지는 모양을 보고 미래를 점치기도 했어요.

삼국 시대에는 거북을 수호신으로 여기기도 했어요. 고구려와 백제의 큰 무덤에는 무덤 주인을 보호하는 네 마리 동물이 그려진

고분 벽화가 있어요. 이를 '사신도'라도 하지요. 사신은 푸른 용인 청룡, 흰 호랑이인 백호, 붉은 봉황인 주작 그리고 바로 검은 거북인 현무랍니다.

　비석을 떠받치고 있는 돌거북을 본 적이 있을 거예요. 이것을 '귀부'라고 불러요. 사람들은 훌륭한 업적을 후손들이 길이길이 기억하도록 비석을 세웠어요. 그러니까 귀부는 신령스런 힘을 가진 거북이 조상들의 훌륭한 업적을 떠받치고 있는 셈이지요.

　《심청전》과 《별주부전》 이야기를 다 알고 있지요? 물에 빠진 심청을 용왕에게 데려다 주고, 토끼 간을 얻으려고 토끼를 용궁으로 데리고 가는 것도 바로 거북이잖아요. 옛사람들은 땅에서도 살고 물에서도 사는 거북의 습성을 보고, 거북이 바닷속 세계와 인간 세계를 이어 준다고도 믿었던 거예요.

　불교에서는 산 짐승을 풀어 주는 풍습이 있어요. '산 짐승을 죽이지 마라'는 부처님의 뜻에 따라, 매달 보름이면 강이나 바다로 가 거북을 놓아 주지요. 이것을 '방생'이라고 해요.

　"복된 거북을 살려 보내니 내 소원 들어주오."

　방생을 하면서 사람들은 자신의 바람 한 가지를 말해요. 신령한 힘을 가진 거북이 소원을 들어줄 거라고 믿기 때문이랍니다.

백두 낭자·한라 도령과 함께 배우는 우리 동물 속담

거북과 관련된 우리 속담

거북은 워낙 오래 사는 동물이라 장수와 관련된 속담이 많아요. 또 거북의 특이한 생김새와 행동에서 나온 재미난 속담들도 많이 전해진답니다.

 **거북을 타다**

흔히들 '느림보 거북'이라는 말을 하지요? 이 속담은 일하는 동작이 남보다 매우 더디고 굼뜬 것을 비유한 말이에요.

 애매한 거북이(두꺼비) 돌에 치였다

아무것도 모른 채 돌 밑에 들어가 있다가 치여 죽게 되었다는 뜻으로, 죄 없이 화를 당하거나 벌을 받게 되어 억울한 상황을 이르는 말이에요.

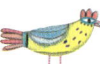 **거북이 등의 털을 긁는다**

거북은 몸에 털이 없지요. 그래서 거북의 털은 '도저히 구할 수 없는 물건'을 뜻해요. 즉 이 속담은 얻지 못할 것을 구하려고 애쓰는 어리석은 행동을 비유적으로 이르는 말이랍니다.

 **산 진 거북이요 돌 진 가재라**

등이 납작하여 넘어질 위험이 없는 거북과 딱딱한 껍질을 지닌 가재가 각각 산과 돌을 지었다는 말로, 서로 의지하고 믿는 세력이 든든함을 비유한 말이에요. 또는 의지할 만한 큰 세력을 믿고 버티는 모양을 이르는 말이기도 하지요.

 **남생이 줄서듯 하다**

남생이는 거북의 한 종류예요. 남생이는 몸에 붙은 기생충을 떨어내거나 체온을 조절하기 위해 줄지어 붙어서 햇볕을 쬐지요. 바로 이 모습 때문에 생겨난 말로, 줄이 길게 늘어선 모양을 묘사할 때 쓰는 표현이에요.

 **자라 보고 놀란 가슴 솥뚜껑 보고 놀란다**

어떤 사물이나 상황에 놀란 경험이 있으면, 비슷한 사물과 상황만 보아도 놀라 겁을 낸다는 말이에요. 비슷한 속담으로 '더위 먹은 소 달만 보아도 헐떡인다', '뜨거운 물에 덴 놈 숭늉 보고도 놀란다' 등이 있어요.

 **거북이도 제 살던 바윗돌을 떠나면 오래 못 산다**

'학은 천 년, 거북은 만 년을 산다'라는 말이 있을 정도로 거북은 오래 사는 동물이에요. 그런 거북도 제가 살던 곳을 떠나면 오래 살지 못하는 것처럼, 사람도 제가 나서 자란 곳을 떠나면 제대로 살기 어렵다는 것을 비유한 속담이에요

꾀 많은 동물 여우

옛날 옛날에 몹시 사람이 되고 싶어 하는 여우가 있었어요. 그런데 여우가 사람이 되려면 새신랑 세 명의 간을 먹어야 했지요. 그래서 여우는 마을에 혼례식이 있는 어느 날, 훌쩍 재주를 넘어 새색시와 똑같은 모습으로 둔갑했어요.

혼례를 다 치르고 방에 들어온 새신랑은 깜짝 놀랐어요.

"앗, 색시가 둘로 보이네. 내 눈이 잘못됐나?"

새신랑은 눈을 스윽 비볐어요. 하지만 여전히 눈앞에는 똑같이 생긴 새색시가 둘 있었지요.

"서방님, 제가 진짜랍니다."

"아니에요, 서방님. 제가 진짜예요."

여우는 어리둥절해 있는 새신랑을 홀리기 시작했어요. 새신랑은 여우의 눈을 쳐다보았다가 그만 여우에게 넘어가고 말았어요.

"에잇, 네가 가짜로구나."

어리석은 새신랑은 결국 진짜 새색시를 내쫓고 말았어요. 그날 밤 새신랑은 여우에게 목숨을 잃었답니다.

그리고 얼마 뒤, 한 나무꾼이 날이 어두워 산속에서 길을 잃었어요. 나무꾼은 겨우 집 하나를 찾아내어 묵게 되었지요.

주인아주머니는 친절하게 나무꾼에게 방을 내주고 따뜻한 저녁도 지어 주었어요. 저녁을 먹은 나무꾼은 잠자리에 들었지요.

"스윽, 스윽."

막 잠이 들려는데, 마당에서 이상한 소리가 났어요. 나무꾼은 잠자리에서 일어나 문틈으로 살짝 밖을 내다보았어요.

마당에서는 주인아주머니가 시퍼런 칼을 갈고 있었어요. 그런데 치마 밑으로 털이 수북하게 달린 꼬리가 보이지 않겠어요?

'으악, 여우다!'

나무꾼은 놀라서 달아나려 했지만 그만 주인아주머니, 아니 여우에게 붙잡히고 말았어요.

"내 정체를 알았으니 살려 둘 수 없다."

나무꾼은 재빨리 여우에게 말했어요.

"죽기 전이니 소원 하나 들어주시겠소? 목이 마르니 물 한 동이만 주시오."

여우는 나무꾼에게 물 한 동이를 주고 방문을 꼭꼭 걸어 잠궜어요. 그때 나무꾼은 몰래 여우의 꼬리털을 한 움큼 뽑았어요.

그날 밤도 여우는 마을로 내려왔어요. 새색시로 둔갑하여 두 번째 새신랑의 간을 빼먹기 위해서였지요.

혼례식을 치른 집에서는 지난번과 같이 괴상한 일이 벌어졌어요. 똑같이 생긴 새색시 둘이 서로 자기가 진짜라며 우겨댔지요. 이번에는 새색시의 어머니, 아버지도 달려왔어요. 하지만 부모님도 자기 딸을 알아보지 못했어요.

"대체 누가 내 딸이란 말이냐?"

그때였어요. 어떤 사내가 방 안으로 뛰어들더니 오른쪽에 앉은 새색시를 내동댕이쳤어요.

"에잇, 이 못된 여우야!"

그 사내는 바로 산속 여우의 집에 갇혀 있던 나무꾼이었어요.

나무꾼은 여우가 넣어 준 물 한 동이로 흙벽을 허물고 도망쳤던 거예요.

여우는 긴 꼬리를 드러내 놓고 쓰러졌어요. 여우를 본 새신랑은 놀라서 신발도 신지 않은 채 멀리 달아나 버렸지요.

새색시의 아버지가 신기해하며 나무꾼에게 물었어요.

"부모도 알아보지 못했는데 어찌 여우를 알아냈는가?"

"여우에게 잡혀 있을 때 여우의 꼬리털을 한 움큼 뽑았었지요. 보십시오. 새색시로 둔갑한 여우의 치마 한쪽 끝이 찢어져 있지 않습니까?"

"오호! 과연……. 자네는 참으로 똑똑한 젊은이로구먼."

나무꾼은 달아난 새신랑 대신 새색시의 신랑이 되어 행복하게 살았다고 해요.

이처럼 옛이야기 속의 여우는 사람들을 괴롭히고 귀신처럼 사람을 홀리는 못된 동물로 자주 나와요.

그런데 정말 여우가 그럴까요? 왜 사람들은 여우를 나쁘게 생각하게 되었을까요?

그것은 여우의 행동 때문에 생긴 오해랍니다. 여우는 낮엔 잠을 자거나 친구들끼리 놀고, 사람들이 깊은 잠에 빠져 있는 한밤중이나 새벽에 몸을 움직여요. 밤이 이슥해지면 마을로 내려와 닭이나 오리를 잡아먹기도 하고요.

옛사람들은 이렇게 밤에 돌아다니며 가축을 해치는 여우를 귀신으로 알았어요. 그래서 아이가 없어져도, 가축이 없어져도 모든 게 여우 탓이었던 거예요.

또 여우를 잔꾀만 부리는 얄미운 동물로 여겼지요. 흔히 아첨 잘하고 거짓말 잘하는 약삭빠른 사람을 '여우 같은 사람'이라고 하잖아요. 여우가 들으면 억울하겠지만, 실제로 여우가 아주 영리한 동물이기 때문에 이런 말이 생겨났어요. 사냥을 하거나 집을 지을 때, 여우가 얼마나 영리한지 한번 알아볼까요?

여우가 오리를 발견하면 머리 위에 풀잎 뭉치를 살짝 올려놓고 조심조심 헤엄쳐요. 이 모습이 오리의 눈에는 마치 풀이 둥둥 떠내려오는 것처럼 보이지요. 그러면 여우는 살금살금 다가가 오리를 덥석 잡아먹는답니다.

여우는 주로 산속에 살지만, 마을 근처 숲이나 초원, 때로는 사막에서도 살아요. 굴을 파서 집으로 삼는데, 굴을 잘 못 파서 집 짓는 걸 싫어해요. 그래서 오소리 같은 다른 동물의 집을 빼앗아 산답니다.

어떻게 남의 집을 빼앗느냐고요? 여우는 오소리의 집 근처를 어슬렁거리다 오소리가 밖에 나간 사이에 똥과 오줌을 싸 집을 마구 더럽혀 놓아요. 그러면 깨끗한 것을 좋아하는 오소리는 자기 집을 버리고 새집을 만들어 이사 가지요.

또 여우의 발바닥에서는 아주 고약한 냄새가 나요. 이 냄새 때문에 사냥개에게 쫓기기 십상이지요. 하지만 여우는 이 냄새를 없애는 꾀도 가지고 있어요.

사냥개에게 쫓기던 여우는 아주 엉뚱한 행동을 해요. 달리던 길에서 벗어나 냇가로 풍덩 뛰어들기도 하고, 나무 위로 훌쩍 뛰어오르기도 하지요. 일부러 냄새나는 거름통에 발을 담그기도 하고요. 그러면 여우의 발 냄새가 감쪽같이 사라지는 거예요. 정말 영리한 동물이지요?

여우는 사람들이 알고 있는 것처럼 못된 동물이 아니랍니다. 오히려 배울 것이 많은 동물이지요.

특히 여우의 가족사랑은 본받을 만하지요. 여우는 꼭 암컷 여우 한 마리와 수컷 여우 한 마리가 만나 정다운 가정을 이루어요. 봄이 되면 어미 여우는 예쁜 새끼를 낳아요. 새끼 여우는 암컷과 수컷이 서로 돌아가면서 사이좋게 돌보지요. 함께 새끼를 돌보기 때문에 여우 가족은 서로 깊은 정이 든답니다. 사람들도 이런 여우 가족의 정다움을 본받으면 좋겠지요?

여우와 관련된 우리 속담

 우리 속담 속에서 여우는 매우 교활한 짓을 하는 사람을 비유하거나, 하는 짓이 깜찍하고 영악한 여자아이를 이를 때 주로 등장한답니다.

 ### 여우를 피하다 호랑이를 만났다

어렵고 힘든 일을 넘기니 더 어렵고 큰일이 기다린다는 뜻이에요. 비슷한 속담으로 '여우를 피하니까 이리가 나온다'가 있어요.

 ### 여우 뒤웅박 쓰고 삼밭에 든 격이다

뒤웅박은 바가지를 말하는데, 얼굴에 바가지를 뒤집어썼으니 앞이 보일 리가 없겠지요? 잘 보이지 않아 방향을 잡지 못하고, 하는 일마다 막혀서 어찌해야 될지 몰라 헤매는 모양을 이르는 말이에요.

 ### 여우가 죽으니 토끼가 슬퍼한다

비슷한 처지의 사람이 슬픔이나 괴로운 일을 당했을 때 서로 동정하고 위로한다는 뜻이에요. 비슷한 속담으로 '난초 불붙으니 혜초 탄식한다'가 있어요.

 ### 봄바람에 여우도 눈물을 흘린다

여우 모피는 보온 효과가 뛰어나 방한용 옷으로 많이 애용되었지요. 이런 따뜻한 털을 가진 여우마저 눈물을 흘릴 정도로 봄바람이 몹시 매섭고 쌀쌀하다는 것을 가리키는 말이에요.

 ### 호랑이가 없으면 여우가 왕 노릇 한다

우두머리가 될 만한 이가 없는 곳에 그보다 못한 이가 나서서 잘난 체하는 모양을 비유한 말이에요. 비슷한 뜻의 속담으로 '호랑이 없는 산골에 토끼가 왕 노릇 한다', '용이 없는 바다에는 메기가 꼬리를 치고, 호랑이 없는 산골에는 여우가 선생질을 한다' 등이 있어요.

 ### 여우볕에 콩 볶아 먹는다

여우볕은 비나 눈이 오는 날 잠깐 비쳤다 사라지는 볕이에요. 반대로 여우비는 맑은 날 잠깐 오다가 그치는 비를 말하고요. 그러니까 이 속담은 행동이 아주 재빠른 것을 비유적으로 표현한 말이지요. 비슷한 속담으로 '번갯불에 콩 볶아 먹는다', '번갯불에 회 쳐 먹는다' 등이 있어요.

 ### 봄불은 여우불이다

여우 꼬리에 불이 붙으면 팔짝팔짝 뛰어다녀 잡기 어렵다는 것을 빗대어, 봄에는 무엇이나 잘 타고, 한번 붙은 불길은 그만큼 잡기 힘들다는 뜻이에요.

반가운 소식을 전해 주는 새 까치

"깍깍, 깍깍."

아침부터 까치가 울자 젊은 아낙은 마당으로 나가 보았어요.

"까치가 우네. 얼마 전 서방님이 과거를 보셨는데, 좋은 소식이 오려나?"

아낙은 가슴이 설레었어요. 그런데 오후가 되어서 정말로 누군가 집을 찾아왔어요. 아낙의 바람대로 서방님의 과거 합격을 알려 주려는 반가운 손님이었지요. 참 신기하지요? 반가운 손님이 찾아올 걸 까치가 미리 알려주니 말이에요.

예부터 까치는 좋은 일을 전해 주는 반가운 새로 알려졌어요. '까치가 울면 반가운 손님이 온다' 라는 속담도 있잖아요. 까치 소리를 들으면 좋은 소식이 오고, 까치를 보면 반가운 사람을 만난다고 했지요.

그런데 정말 까치는 반가운 손님을 미리 알아보았던 걸까요? 까치는 사람의 흉내까지 낼 줄 아는 영리한 새예요. 그래서 손님이 찾아오면 희한하게 알아보고 우는 것이지요. 나무에 앉아 있다가 잘 모르는 사람이 오면 낯설어서 울기도 하고요. 그래서 까치는 반가운 소식을 전하는 새가 되었답니다.

까치가 전한 반가운 소식을 하나 더 들어 볼까요?

옛날 한 임금님이 아침에 일어나 궁궐 마당을 거닐고 있었어요. 이때 까치 한 마리가 임금님에게 날아와 울었어요.

"깍깍, 깍깍."

까치를 보자 임금님은 기분이 좋아졌어요.

"오늘은 아주 좋은 일이 생길 모양이군. 아침부터 까치가 울어 대니 말이야."

그런데 까치는 무슨 할 말이라도 있는 듯 임금님의 옷자락을 물고 끌어당겼어요.

"어허, 네가 할 말이 있는 게로구나. 잠시 기다려 보아라."

임금님은 평민의 옷으로 갈아입고 까치를 따라나섰어요. 까치는 한참을 날아가더니 나무 위 둥지로 날아갔어요.

"네 집을 보여주려고 여기까지 날 데리고 온 것이냐?"

임금님은 둥지가 있는 나무 가까이 다가갔어요. 그런데 참 이상한 일이었어요. 까치집이 있는 그 나무가 걸어 다니는 거예요.

임금님은 걸어 다니는 나무를 뒤따라갔어요. 이윽고 나무는 어떤 집 앞에 멈추어 섰어요. 그런데 자세히 보니 나무가 걸어 다닌 게 아니라, 한 젊은이가 나무를 통째로 들어다 자기 집 앞에 옮겨 놓은 거였어요.

'오호라, 그럼 그렇지. 나무가 걸어 다니다니 말이 되나?'

임금님은 젊은이에게 물었어요.

"여보게, 젊은이. 왜 멀쩡한 나무를 들어다 자네 집 앞으로 옮기는 건가?"

"옛말에 대문 앞 나무 위에 까치가 집을 지으면 집주인이 장원 급제한다는 말이 있잖아요. 그런데 우리 집 앞엔 나무가 없어서 까치가 집을 지을 수가 없답니다. 우리 집엔 과거에 꼭 합격해야 하는 사람이 있거든요. 그래서 나무를 옮기게 되었어요."

"그게 누군가?"

"저희 할아버지예요."

"할아버지라고?"

임금님은 과거 시험을 볼 사람이 나이 든 할아버지라는 얘기를 듣고 고개를 갸우뚱거렸어요.

젊은이가 말했어요.

"할아버지는 학문이 아주 뛰어나세요. 하지만 운이 나빠 과거에 아홉 번이나 떨어지셨답니다. 이번에 또 떨어지게 되면 과거는 아주 포기하신다고 하셨어요. 그렇게 되면 할아버지께서 얼마나 실망하시겠어요?"

임금님은 젊은이의 말을 듣고 젊은이의 할아버지를 만나 보기로 했어요. 할아버지를 만난 임금님은 매우 놀랐어요. 할아버지의 학문이 보통 뛰어난 게 아니었기 때문이에요. 게다가 인품도 아주 훌륭했지요.

　임금님은 다음 과거 시험 때 그 할아버지를 뽑았어요. 까치 덕분에 할아버지는 과거에 붙고, 임금님은 훌륭한 신하를 얻은 셈이지요. 또 젊은이는 할아버지에게 효도한 것이고요.

　까치는 이처럼 행운을 가져다줄 뿐만 아니라 사랑도 이루어 주지요. 은하수 동쪽과 서쪽으로 헤어져 사는 견우와 직녀가 칠월 칠석날 만나게 다리를 놓아 주는 것도 바로 까치잖아요.

　까치는 사람과 동물에게 도움을 주는 고마운 새이기도 해요. 농작물을 해치는 벌레를 잡아먹어 곡식이 잘 자라게 도와주거든요. 또 동물의 몸에 붙은 진드기를 먹어 동물이 병에 안 걸리고 튼튼하게 자라게 해 주고요.

　그래서 사람들은 까치를 '길조'로 여기고 좋아했어요. 길조는 '좋은 일이 생길 것을 미리 알려 주는 새'이지요. 사람들이 까치를 좋아하는 만큼 까치도 사람 곁에 사는 걸 좋아한답니다.

까치는 이른 봄이 되면 새로 난 나뭇가지를 찾아 집을 짓고 알을 낳아요. 새로 난 가지는 오래된 가지보다 잎이 더 무성하게 나기 때문에 둥지를 잘 숨길 수 있어요. 또 잎이 무성하면 햇빛과 바람을 막아주니, 알을 낳고 새끼를 키우기에도 안성맞춤이지요. 그러고 보면 까치는 정말 영리한 새지요?

만약에 둥지가 있던 나뭇가지가 마음에 들면, 이사하지 않고 헌 집을 수리해서 다시 살아요. 그래서 어떤 나무에서는 2층, 3층으로 지어진 아주 커다란 까치집을 발견할 수도 있답니다.

까치는 몸이 45센티미터 정도로, 까마귀보다는 덩치가 작지만 꽁지는 훨씬 더 길어요. 아랫배와 어깨 부분은 털의 색이 하얗고, 나머지는 다 까매요.

날개는 둥글고 작아 시원스럽고 멋있게 날지는 못하지만, 부리와 발이 튼튼해 웬만한 적은 거뜬히 이겨 내요. 특히 까치는 협동심이 강해 큰 새나 뱀처럼 무서운 적이 나타나면 여러 마리의 까치가 힘을 합해 물리치기도 한답니다.

까치는 아무거나 잘 먹는 먹성 좋은 새이기도 해요. 과일이나 열매, 콩, 감자 같은 곡식도 먹고 지렁이나 작은 곤충도 잡아먹어요. 또 달팽이나 새알, 토끼 새끼까지 먹지요.

그런데 도시에 사는 요즘 까치들은 제대로 먹지 못한답니다. 나무나 풀이 많아야 까치들도 잘 살 수 있는데, 도시에는 빌딩이나 아파트 같은 콘크리트 건물만 늘어나고 숲은 점점 사라지고 있기 때문이에요.

하지만 서울의 남산이나 우면산 등을 '까치 보호 지역'으로 정했다니 다행이에요. 나라에서는 이곳에 나무 열매와 쌀 등 까치의 먹이를 뿌려 두고 까치를 보호하기로 했답니다. 나무를 많이 심고 잘 가꾸면 도시에서도 까치가 잘 살 수 있을 거예요.

까치와 관련된 우리 속담

백두 낭자·한라 도령과 함께 배우는 우리 동물 속담

우리 속담 중에는 까치를 통해 좋은 일, 나쁜 일을 점치는 속담이 많아요. 또 까맣고 하얀 까치의 생김새와 관련된 속담도 많답니다.

 **저녁 까치는 근심 까치**

아침에 까치 소리를 들으면 좋은 일이 생기지만, 저녁에 까치 소리를 들으면 근심을 얻게 된다는 뜻이에요. 특히 옛사람들은 아침 까치가 울면 반가운 손님이 오고, 저녁 까치가 울면 초상이 난다고 여겼답니다.

 까막까치도 집이 있다

하찮은 까마귀나 까치들도 집이 있기 마련이라는 뜻으로, 집이 없는 사람의 서러운 처지를 한탄하여 이르는 말이에요.

 **까마귀가 까치 보고 검다 한다**

까마귀가 자신도 검은 줄 모르고 까치를 검다고 흉을 본다는 뜻으로, 자신이 부족한 것은 모르고 남의 흉을 보는 모양을 비유한 속담이에요.

 ### 까치 배 바닥 같다

말이나 행동이 실속 없고 터무니없는 소리를 하는 것을 보고 '흰소리한다'라고 해요. 까치는 온몸이 까맣지만, 배는 유난히 희잖아요? 그래서 흰소리하는 사람을 보고 이를 까치 배에 비유하여 비웃듯 하는 말이에요. '까치 배 바닥같이 흰소리한다'라고 쓰기도 하지요.

 ### 솔개 까치 집 뺏듯 하다

솔개가 저보다 약한 까치를 둥지에서 몰아내고 그 둥지를 차지한다는 뜻으로, 힘을 써서 남의 것을 강제로 빼앗는 것을 비유한 속담이에요. '까마귀가 까치 집을 뺏는다'라는 속담도 있는데, 이것은 서로 비슷한 점을 이용해 남의 것을 은근슬쩍 빼앗는 것을 이르는 말이에요.

 ### 칠석날 까치 머리 같다

까마귀와 까치가 머리털이 없는 것은 칠월칠석날 오작교를 놓아서 견우와 직녀를 만나게 한데서 비롯되었다고 해요. 이 이야기에서 나온 말로, 머리털이 많이 빠져 성긴 모양을 비유적으로 이르는 말이에요.

 ### 까치는 까치끼리

처지나 목적이 비슷한 사람끼리 서로 모여 사귀게 된다는 뜻이에요. 비슷한 말로 '늑대는 늑대끼리', '노루는 노루끼리'가 있어요.

사람을 닮은 동물
곰

하늘나라를 다스리는 환인에게는 환웅이라는 아들이 있었어요. 환웅은 늘 인간 세상에 내려와 살기를 바라다가 마침내 인간 세상을 다스리게 되었어요.

그러던 어느 날, 곰과 호랑이가 환웅을 찾아와 사람이 되게 해 달라고 빌었어요.

"환웅님, 환웅님, 사람이 되고 싶어요. 도와주세요."

"사람이 되려면 내가 시키는 대로 따라야 한다. 할 수 있겠니?"

"네, 그럼요."

"그럼 동굴에 들어가 이 쑥과 마늘만 먹으며 기도를 하여라. 100일이 되기 전에 동굴을 나와서는 안 된다."

"네, 환웅님의 말씀을 따르겠습니다."

곰과 호랑이는 환웅에게 신령한 힘을 가진 쑥과 마늘을 받고 동굴로 들어갔어요.

그리고 수일이 지난 어느 날이었어요.

"아이고, 이런 음식을 먹고는 더는 못 견디겠다."

호랑이는 참지 못하고 중간에 동굴 밖으로 나와 버렸어요. 하지만 곰은 잘 견뎌 내어 어여쁜 여자로 변했어요. 그 여자의 이름이 웅녀였어요. 웅녀는 환웅과 혼인하여 아들을 낳았는데, 그분이 바로 단군이에요.

이 이야기는 《삼국유사》에 실린 단군 신화예요. 이 신화는 우리 민족의 시조 임금이자 고조선을 세운 단군이 어떻게 태어났는지를 알려 주고 있어요.

그런데 왜 하필 단군 신화의 주인공으로 곰을 등장시켰을까요? 사람들은 흔히 미련하고 둔한 사람을 가리켜 '곰 같다'라고 하잖아요. 기운 센 호랑이, 영리한 여우, 귀여운 토끼 등 다른 동물들도 많은데 말이에요.

옛날엔 사람의 힘으로 이길 수 없는 힘센 동물을 무서워했어요. 그중에서도 호랑이와 곰은 가장 힘세고 무서운 동물이었지요. 그래서 옛사람들은 호랑이와 곰을 신앙의 대상으로 받들고 모시게 되었어요.

단군 신화는 곰을 숭배한 부족과 호랑이를 숭배한 부족 사이에 다툼이 있었는데, 결국 곰을 숭배한 부족이 승리해 우리 민족의 뿌리가 되었다는 것을 말해주고 있어요.

그러니까 곰은 우리 민족과 떼려야 뗄 수 없는 사이예요. 우리 민족은 모두 단군의 자손으로, 곰을 숭배한 민족이었으니까요.

커다란 몸집과 엉성한 걸음 때문에 미련하고 둔해 보이지만, 곰은 알고 보면 미련하지 않답니다. 지능 지수도 높고 행동도 재빨라요. 바위나 절벽을 탈 때면 정말 빨리 오르는데, 그 속도가 시속 24킬로미터나 된다고 해요. 또 원숭이 뺨치게 흉내도 잘 내고 재주도 잘 부려요. 훈련을 잘 받은 곰은 앞발로 물구나무를 서고 자전거도 타지요.

게다가 곰은 생김새나 행동이 사람과 닮은 데가 많아요. 아기 걸음처럼 조심스러워 보이긴 하지만, '쿵쾅쿵쾅' 소리를 내며 사람처럼 두 발로 서서 걸어요. 새끼를 안아 젖도 먹이고, 땅에 주저앉아 앞발로 가려운 곳을 긁기도 하고요.

　곰은 대나무 숲이나 물과 가까운 산에서 살아요. 덩치가 큰 만큼 많이 먹지요. 숲을 돌아다니며 닥치는 대로 먹는데, 작은 동물을 잡아먹기도 하지만 머루, 산딸기, 다래, 사과, 포도, 칡덩굴, 돌나물, 버드나무 같은 식물을 더 좋아해요.

　특히 좋아하는 도토리는 껍질도 벗기지 않고 우적우적 씹어 먹

고, 꿀도 아주 좋아해서 벌집을 발견하면 벌에 쏘이면서도 꿀을 핥아 먹지요. 보기와는 참 다르지요?
"배부르게 먹었으니 이젠 봄까지 푹 자야겠다."
곰은 가을에 숲을 돌아다니며 잔뜩 먹고는, 좋은 동굴을 찾아 다섯 달 동안이나 긴 겨울잠을 자요. 겨울잠을 자는 동안엔 아무것도 먹지 않고 가을에 먹어 두었던 음식으로 버틴답니다.

어미 곰은 겨울잠을 자는 동안에 새끼를 낳아요. 갓 태어난 새끼 곰은 400그램 정도로, 사람의 아기보다 훨씬 작아요. 그래도 새끼를 낳아 기르는 어미 곰은 보통 힘든 게 아니에요. 아무것도 먹지 않는 추운 겨울 동안 새끼를 낳아 기르자니 몹시 춥고 배가 고프겠지요?

　하지만 곰은 새끼를 아주 사랑하는 동물이라 이런 고생쯤은 다이겨 내요. 어미 곰은 젖을 먹인 뒤에는 새끼 곰의 입에서 젖비린내라도 날까 봐 항상 입을 핥아 주고, 조금 자란 새끼 곰에게는 체하지 않게 당근, 감자 같은 음식을 꼭꼭 씹어서 먹여 줄 만큼 정성을 다해 새끼 곰을 키워요.

　수컷 곰의 사랑도 대단하답니다. 먹이를 구해 오면 암컷 곰에게 먼저 먹이고, 암컷 곰이 배불리 먹고 난 뒤에야 남은 음식을 먹지요. 또 암컷 곰이 새끼를 낳을 동안 다른 짐승들이 침입하지 못하도록 수컷 곰은 입구에서 동굴을 지켜요.

　새끼 곰은 어느 정도 자라면 어미에게 동굴 밖으로 나가자고 보채요. 하지만 어미는 커다란 몸으로 동굴 앞을 막아 새끼 곰이 나가지 못하게 하지요.

　이건 새끼 곰이 아직 어려서 밖에 나갔다가는 쉽게 다칠 수 있기 때문이에요. 동굴을 막고 있는 동안 사납고 못된 동물이 나타나 어미 곰의 등을 물어뜯기도 해요. 하지만 어미 곰은 꼼짝하지 않아요. 등을 물어 뜯겨 죽어도 새끼를 지켜야 하니까요. 이 정도면 곰의 자식 사랑이 사람 못지않지요?

새끼 곰은 이렇게 석 달 동안 꼼짝도 않고 동굴 속에서 살아요. 컴컴한 동굴 속에서 어미 곰과 새끼 곰은 눈빛으로 말해요. 그러면서 둘의 사랑은 점점 깊어지지요.

새끼 곰은 봄이 되어 어미 등에 혼자 올라탈 수 있을 정도로 자라면 그제야 세상 구경을 하게 되지요.

곰은 먼저 덤벼들지 않으면 사람을 해치는 일이 없을 정도로 성질도 착하고 온순해요. 그래서 큰 덩치에도 정이 가고 듬직한 마음까지 들지요. 어때요? 재주도 많고 성격도 온순하고 행동까지 사람과 닮아 있는 곰은 조금도 미운 데가 없지요?

우리나라에는 예부터 불곰과 반달곰 두 종류의 곰이 살았어요. 반달곰보다 덩치가 큰 불곰은 주로 북쪽 지방에 살았고, 반달곰은 백두산, 설악산, 지리산 등 우리나라에 두루 살았어요.

하지만 개발을 위해 숲을 베어 내고 곰을 마구 잡는 바람에 멸종 위기에 처했어요. 특히 밀렵꾼들은 비싸게 팔리는 웅담을 얻기 위

해 반달곰을 마구 죽였지요. 1984년과 1987년 설악산에서 발견된 것을 끝으로 자연 반달곰의 모습은 찾아보기 어려워졌어요.

  그래서 사람들은 1982년 반달곰을 천연기념물 제329호로 정해 보호하고 있어요. 또 2004년부터 지리산에 반달곰 30마리를 풀어 '반달곰 복원 사업'을 벌이는 등 하루빨리 반달곰이 멸종위기에서 벗어날 수 있도록 애쓰고 있답니다.

곰과 관련된 우리 속담

흔히 행동이 미련하고 둔한 사람을 곰에 비유하곤 하지요. 곰과 관련된 우리 속담 가운데도 곰의 행동과 관련된 것들이 많답니다.

곰이라 발바닥 핥으랴

곰이라면 발바닥이라도 핥겠으나 사람은 발바닥도 핥을 수 없다는 뜻으로, 너무 가난하여 먹을 것이 하나도 없고 굶주린 상태를 비유한 속담이에요.

곰 발바닥 같다

곰의 발바닥이 아주 두꺼운 데서 비롯된 속담이에요. 고집이 아주 세거나 부끄러움을 모르는 낯 두꺼운 사람을 가리킬 때 쓰는 말이지요.

곰 창날 받듯

곰 앞가슴에 창을 대면 곰이 그 창을 빼앗으려고 잡아당기다가 창끝에 찔려 죽는다는 뜻으로, 자신에게 해가 되는 일을 스스로 하는 어리석은 행동이나 그런 사람을 비유해서 쓰는 속담이에요.

 ### 바늘에는 소나 곰이라

소나 곰이 바느질을 할 줄 모르는 것처럼, 바느질에 서툰 사람을 비유적으로 이르는 말이에요.

 ### 곰 가재 잡듯 한다

행동이 둔해 보이는 곰이 천천히 돌을 뒤져 가며 개울의 가재를 잡는다는 뜻으로, 서둘러야 할 일에 굼뜨게 행동하거나 지나치게 차분히 일하는 모습을 빗댄 속담이에요.

 ### 곰이 제 주인 생각하듯 한다

곰이 주인을 생각하여 파리를 친다고 친 것이 그만 주인을 죽이고 말았다는 이야기에서 나온 속담이예요. 상대방을 위한다고 한 일이 도리어 손해를 끼치게 된 경우를 이르는 말이지요.

 ### 재주는 곰이 넘고 돈은 주인이 번다

열심히 일했는데 거기에 대한 인정을 못 받고, 칭찬이나 대가를 받는 사람은 따로 있을 때 이를 빗댄 속담이에요.

 ### 곰 발바닥도 꾀가 있다

아무리 어리석고 미련한 사람이라도 제가 살아갈 방법이나 밥벌이 수단은 다 있다는 뜻이에요.

작지만 날쌘 재주꾼 제주마

지금의 경상북도 경주 땅에는 사로국이라는 작은 나라가 있었어요. 여기에는 여러 씨족이 마을을 이루어 살고 있었는데, 소벌공은 고허촌이라는 마을의 우두머리였어요.

어느 날 소벌공이 나정이라는 우물 앞에 지날 때였어요.

"히히힝!"

숲 속에서 말 울음소리가 들렸어요. 소벌공이 숲을 들여다보니, 그곳에는 하얀 말이 무릎을 꿇고 앉아 절을 하고 있었어요.

"이상한 일이군. 말이 무릎을 꿇고 앉아 있다니……."

소벌공은 숲 속으로 좀 더 가까이 다가갔어요. 그러자 말은 사라지고 그 자리엔 커다란 알이 놓여 있었어요.
"이 알은 틀림없이 특별한 알이야."
소벌공은 알을 가져다 정성껏 돌보았고, 얼마 뒤 알에서 사내아이가 태어났어요.

　사람들은 아이에게 박처럼 생긴 알에서 태어났다 하여 박씨 성을 붙이고, 빛처럼 세상을 널리 이롭게 하라는 뜻으로 '혁거세'라는 이름을 지어 주었어요.

　박혁거세는 훌륭하게 커서 나라를 세웠어요. 그 나라가 바로 신라예요. 그러니까 임금이 될 사람을 말이 미리 알려 준 거예요.

　옛사람들은 말이 좋은 일을 가져다주는 동물이라고 여겼어요. 그래서 꿈속에 말이 나타나면 널리 이름을 떨치거나 큰 벼슬을 하게 되는 아주 좋은 꿈으로 여겼지요.

　신라 시대의 왕릉인 천마총에서는 왕관과 목걸이 등 수천

점의 유물과 함께 말 그림이 발견되었어요. '천마도'라고 이름 붙여진 그림 속에서 신령스런 백마는 구름 위를 날고 있답니다. 이 그림에는 말이 무덤 주인을 태우고 훨훨 날기를 바라는 마음이 담겨 있는 것이지요.

우리 땅에서 말을 키우기 시작한 것은 선사 시대 때부터라고 추측하고 있어요. 부여나 고구려 때에는 이미

목장을 지어 소, 돼지와 더불어 말을 길렀지요.

특히 삼국 시대 이후 제주도에서는 훌륭한 말을 많이 키우기 시작했어요. 그래서 '말은 제주도로 보내고, 사람은 서울로 보내라'라는 말까지 생겼지요.

오랫동안 제주도에 살아온 우리나라 토종말을 '제주마'라고 해요. 제주마는 탐라마, 토마, 국마, 조랑말 등으로 불리기도 해요.

제주마는 예부터 빠르고 총명하기로 유명했어요. 그래서 고려 시대 때는 조정에 바치기도 했고, 조선 시대 명종은 명나라 임금에게도 제주마를 선물했어요. 말을 선물 받은 명나라 임금은 이렇게 말했다고 해요.

"이 말은 천마로다. 조선의 임금이 나를 위해 이렇게 좋은 말을 보냈구나."

천마(天馬)란 '하늘의 말'이란 뜻이에요. 그만큼 제주마가 귀하고 좋은 말이라는 칭찬이었지요.

또 옛날엔 제주도를 탐라국이라고 불렀는데, 제주마는 제주도의 가장 아름답고 뛰어난 볼거리 열 가지를 가려 뽑은 '탐라십경' 중 하나로도 꼽혔어요. 신 나게 언덕을 달리고 한가롭게 풀을 뜯는 말의 모습이 제주도의 자연과 어울려 매우 아름다웠던 거예요.

제주마는 과하마(果下馬)라고도 불렀어요. '몸집이 작아서 과수나무 밑을 지날 수 있는 말'이라는 뜻이지요. 이름처럼 제주마는 키 120센티미터, 몸무게는 220킬로그램 정도로, 다른 말에 비해 키도 작고 덩치도 작은 편이에요. 하지만 나름대로 우아하고 균형 잡힌 몸매를 지니고 있지요.

덩치는 작아도 제주마는 아주 야무져요. '작은 고추가 맵다'라는 말도 있잖아요? 제주마는 건강해서 오래 걸어도 쉽게 지치지 않고, 힘이 세서 일도 잘해요. 가슴이 벌어지고 허리와 다리가 굵어 웬만한 짐을 실어도 끄떡없어요. 자기 몸무게만큼이나 되는 무거운 짐을 싣고도 13킬로미터나 걷고, 어른을 태우고 4시간 동안이나 걸을 수 있다니 대단하지요.

제주마는 농사에도 꼭 필요한 일꾼이었어요. 제주도의 흙은 농사를 짓기에 별로 알맞지 않아요. 화산재가 섞여 있어 흙이 바람에 잘 날리고, 물기도 빨리 말라 버리거든요. 그래서 씨앗을 심은 뒤 잘 자라게 하려면 흙을 꼭꼭 밟아 주어야 했어요. 이때 사람이 할 일을 대신해 준 것이 말이랍니다. 씨앗을 뿌린 뒤 밭에 말을 넣어 두면, 말들이 흙을 꼭꼭 잘 다져 주었지요.

또 추수할 때가 되면 보리, 조 등을 한가득 실은 수레도 끌었어요. 무거운 연자방아를 돌려 곡식을 빻기도 했고요. 그뿐인가요? 제주마의 똥과 오줌은 좋은 거름이 되었답니다.

제주마는 먹이도 가리지 않고 튼튼해서 농사뿐 아니라 사람들의 생활에도 많은 도움을 주었어요. 가파른 산도 잘 올라 산에서 베어 놓은 나무를 실어 날랐어요. 전쟁 때엔 군인들의 마차를 끌었고, 싸움터에서 병사들이 타고 다니기도 했어요. 또 새신랑이 혼례식 날 타기도 했답니다.

성질이 온순하고 사람의 말을 잘 따라 사람들의 일을 많이 도왔지만, 제주마의 운명은 그리 좋지 못했어요.

제대로 돌본 말일수록 튼튼하고 영리하기 마련이에요. 그런데 제주도 사람들의 살림살이가 넉넉지 못해 말을 제대로 돌보지 못했어요. 그러다 보니 말의 품질이 떨어졌지요. 게다가 그동안 말이 하던 농사일을 경운기 같은 기계가 대신하게 되어 말의 쓰임새가 적어졌고요.

결국 제주마는 애완용으로 다른 나라에 팔려가기도 하고, 사람들에게 고기로 잡혀 먹기도 했어요. 그래서 그 숫자가 점점 줄어들게 되었답니다.

한때 제주도에서 키웠던 제주마의 수는 2만 마리나 되었지만,

 지금은 천여 마리로 줄었고, 그 중 제주도에는 200마리 정도밖에 살지 않아요.

 이러한 사실을 안타깝게 여긴 몇몇 사람이 1984년부터 '제주마 살리기 운동'을 벌였어요. 덕분에 뒤늦게야 가치를 인정받게 되어, 1986년 천연기념물 제347호로 지정되었지요.

 오랜 시간 동안 우리 민족과 함께해 온 제주마가 우리와 더불어 잘 살 수 있도록 우리 모두의 노력이 더 많이 필요하겠지요?

백두 낭자·한라 도령과 함께 배우는 우리 동물 속담

말과 관련된 우리 속담

옛사람들은 말과 소를 가축으로 많이 길렀어요. 그래서 우리 속담 중에는 말과 소가 함께 쓰여 고집 세고 우둔한 사람을 비유하는 표현이 많답니다.

 ### 말은 끌어야 잘 가고 소는 몰아야 잘 간다

말은 앞에서 끌어야 잘 가고, 소는 뒤에서 몰면서 가야 잘 간다는 뜻으로, 모든 일은 이치에 맞게 해야 성과를 이룰 수 있다는 뜻이에요.

 ### 말 꼬리에 파리가 천 리 간다

그럴 능력이나 힘이 없으나, 남의 힘에 의지해 세력을 펴는 모양을 두고 이르는 말이에요. 비슷한 표현으로 '천리마 꼬리에 쉬파리 따라가듯 한다'가 있어요.

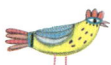 ### 말 삼은 소 짚신이라

말이 엮은 소의 짚신이라는 뜻으로, 말이 짚신을 삼았으니 얼마나 엉성하겠어요? 게다가 소에게 짚신이 무슨 필요가 있겠어요? 그러니 이 속담은 일이 엉성하거나 뒤죽박죽 엉망이 되어 쓸모없이 끝나 버렸을 때 쓰는 말이에요.

 **말 갈 데 소 간다**

말 가는 곳에 소가 간다는 말로, 안 갈 데 없이 온갖 곳을 다 다녔다는 뜻이에요. 또는 남이 할 수 있는 일이면 나도 쉽게 할 수 있다는 뜻으로도 쓰이지요.

 **말은 나면 제주도로 보내고 사람은 나면 서울로 보내라**

망아지는 말의 고장인 제주도에서 길러야 잘 자라듯, 사람은 서울로 보내어 공부하게 해야 성공할 수 있다는 뜻이에요.

 **말 타면 경마 잡히고 싶다**

'경마'는 말고삐를 뜻해요. 두 발로 걸을 때는 말을 타고 가면 좋겠고, 막상 말을 타면 또 누군가 고삐를 잡고 끌어주면 좋겠고……. 그래서 이 속담은 사람의 욕심이란 끝이 없다는 뜻이에요. '말 타면 종 두고 싶다'라고도 하지요.

 **말 발이 젖어야 잘 산다**

결혼식 날 신랑이 타고 가는 말의 발이 젖을 정도로 비가 와야 잘 산다는 뜻으로, 결혼식 날 비 오는 것을 위로하기 위해 생겨난 말이에요.

 **말 태우고 버선 깁는다**

미리 준비하지 않다가 시간이 되어서야 허둥지둥 급하게 서두르는 모양을 비유한 말이에요. 비슷한 속담으로 '가마 타고 옷고름 단다'가 있어요.

깨끗한 선비의 본보기
학

옛날 백두산 아래 어느 부잣집에 삼룡이라는 머슴이 살고 있었어요. 삼룡이는 부지런하고 마음씨도 착했지요.

어느 추운 겨울날이었어요. 나무를 하러 산에 올랐던 삼룡이는 하얀 새끼 학 한 마리를 발견했어요. 새끼 학은 어미를 잃고 추위에 벌벌 떨고 있었지요.

"꾸르륵, 꾸르륵."

"쯧쯧, 불쌍해라. 다른 학들은 모두 남쪽으로 날아갔는데, 넌 너무 어려 엄마를 따라가지 못했구나. 내가 도와줄게."

삼룡이는 사람이나 사나운 동물들이 찾지 못하도록 동굴에 보금자리를 만들어 주었어요. 그러고는 겨울 동안 정성스럽게 새끼 학을 보살펴 주었지요.

추운 겨울이 다 지나고 봄이 오자, 남쪽으로 떠났던 학 무리가 백두산으로 돌아왔어요. 건강하게 자란 새끼 학도 다시 어미 학을 만날 수 있었지요.

삼룡이 덕분에 새끼 학이 무사히 살아난 것을 알고, 어미 학은 은혜를 갚기로 했어요.

"꾸르륵 꾹꾸. 꾸르륵 꾹꾸."

어미 학은 날갯짓을 하며 삼룡이를 어디론가 이끌었어요.

"어디 가니, 학아?"

어미 학을 따라 삼룡이가 도착한 곳은 한 동굴이었어요. 동굴 안으로 들어간 삼룡이는 깜짝 놀랐어요.

"앗, 금덩이네. 이렇게 큰 금덩이는 처음이야."

삼룡이는 금덩이를 안고 곧장 주인에게 달려갔어요.

"주인어른, 이만하면 제 빚을 모두 갚을 수 있겠지요? 이제 머슴에서 풀어 주세요."

주인은 금덩이를 보고 눈이 휘둥그레졌어요.

'아니, 이놈이……. 이런 금덩이가 어디서 났지? 분명히 훔친 게 틀림없어.'

주인은 삼룡이를 관가로 끌고 갔어요.

"사또, 이놈이 금을 훔쳤소."

사또가 무서운 목소리로 삼룡이에게 소리쳤어요.

"삼룡이 네 이놈! 이 금덩이를 어디서 훔쳤느냐? 당장 바른대로 말하지 못할까?"

"훔친 게 아닙니다."

"훔치지 않았다고? 그렇다면 네깟 녀석이 이런 큰 금덩이가 어디서 났단 말이냐?"

삼룡이는 사또에게 사실대로 털어놓았어요.

"그래? 그 말이 사실이렷다!"

삼룡이의 말을 듣고 욕심 많은 사또와 부자 주인은 당장 산으로 달려갔어요. 동굴 근처까지 뒤따라 온 삼룡이는 학들이 다칠까 봐 큰 소리로 외쳤어요.

"학들아, 달아나! 너희를 잡으러 오고 있어."

그 소리에 놀란 학들은 모두 저 멀리 날아갔어요.

사또와 주인은 서둘러 동굴 속으로 들어갔지요.

　학은 날아갔지만 동굴 속엔 커다란 금덩이 두 개가 있었어요.
　"하하하, 횡재했네, 횡재했어."
　사또와 주인은 신이 나서 금덩이를 하나씩 나누어 가지고 산에서 내려오기 시작했어요.
　그런데 이상한 일이 벌어졌어요. 시간이 지날수록 금덩이가 자꾸 커지는 거예요.
　"어휴, 힘들어. 금덩이가 자꾸 커지니 무거워 죽겠어."
　"더 잘됐지. 금덩이가 커지면 커질수록 부자가 되잖아."

사또와 주인은 아무리 무거워도 금덩이를 버리지 않았어요.

두 사람이 산 중간쯤 내려오자 금덩이는 사람 머리만큼 커졌어요. 산 아래까지 왔을 때는 금덩이가 커다란 바윗돌만큼 커졌지요. 결국 두 사람은 무거운 금덩이에 깔려 죽고 말았답니다.

삼룡이는 학이 준 금을 팔아 농사지을 땅도 사고 착한 아내도 만나 행복하게 살았다고 해요.

착한 삼룡이에게는 복을 내리고, 욕심 많은 사또와 부자 주인에게는 벌을 준 학의 이야기가 참 재미있지요?

사람들은 오래전부터 학이 아주 신비스러운 새라고 여겼어요.

아마도 긴 목과 다리, 눈부시게 하얀 깃털을 가진 아름답고 우아한 학의 모습 때문일지도 몰라요.

　학은 목과 다리도 길고, 이마와 목, 날개 끝만 빼고 온몸이 눈부시게 하얗답니다. 부리에서 꼬리까지의 길이가 1.3~1.4미터로 웬만한 어린이의 키와 비슷하지요. 학이 날개를 다 폈을 때의 길이는 2미터가 훨씬 넘는다고 해요.

　이런 학의 모습은 어딘지 모르게 고고하고 품위 있어 보인답니다. 깨끗하고 단정한 학의 모습은 언제나 사람들의 바른 본보기가 되었어요.

　"학의 하얀 깃털은 더러움과는 거리가 멀지. 또 목을 꼿꼿이 세우고 걷는 모습은 비굴한 것에 절대 고개 숙이지 않겠다는 뜻 같단 말이야."

　"존경받는 관리가 되려면 학처럼 깨끗하고 정직해야겠지."

　그래서 옛 조상들은 학을 즐겨 그리고, 학을 노래하는 시를 읊곤 했어요. 선비들은 그림 속의 학을 바라보며 학처럼 살기를 바랐어요. 학은 깨끗하고 뜻이 높은 선비의 모습을 잘 나타내 주었거든요. 그래서 성품이 대쪽처럼 바른 선비를 가리켜 '학처럼 고고한 선비'라고도 했지요.

옷이나 여러 가지 공예품에도 학 그림을 많이 넣었어요. 두루미라고도 부르는 학 모양을 새겨 넣으면 두루두루 행운이 온다고 믿었기 때문이에요.

학은 겨울철에 우리나라를 찾아오는 철새예요. 찬바람이 불기 시작하면 시베리아에서부터 아주 먼 길을 날아 우리나라를 찾아와요. 그러고는 강이나 호수의 물가에 집을 짓고 살지요.

학은 암수가 다정해서 한번 부부가 되면 죽을 때까지 헤어지는 법이 없어요. 강을 거닐 때도 다정하게 함께 다니고, 먹이를 잡아도 항상 나눠 먹지요. 집도 암수가 함께 도와가며 짓고요.

집을 다 지으면 암컷은 알을 낳는데, 그동안 수컷은 암컷과 알을 보호하기 위해 집 주위를 지키며 날아다닌답니다. 암컷이 알이 낳으면 암컷과 수컷이 번갈아 가며 알을 품어요.

알을 품은 지 한 달이 지나면 알에서 새끼가 태어나요. 그런데 이때도 신기하게도 꼭 암컷과 수컷 한 쌍이 태어난다고 해요. 그러면 부모 새는 새끼 학을 한 마리씩 데리고 다니며 지렁이도 먹이고 곤충도 잡아 먹이지요.

짝짓기할 때면 수컷은 긴 목을 쭉 뽑아 '꾸르륵' 하고 크게 노래를 불러요. 그러면 암컷이 '꾹꾹' 하고 장단을 맞추지요. 또 서로

두루미는 학의 다른 이름이랍니다.

의 노랫소리에 맞추어 큰 날갯죽지를 들썩이며 춤도 춘답니다. 사뿐사뿐, 덩실덩실 두 마리의 학이 춤추는 아름다운 모습을 흉내 내어 옛사람들은 학춤을 추기도 했어요.

학은 비록 우리나라에 머물러 사는 새는 아니지만 보호해야 할 만큼 귀한 새예요. 그래서 우리나라에선 1968년 천연기념물 제202호로 지정되었답니다.

학과 관련된 우리 속담

학과 관련된 우리 속담 중에는 학의 생김새와 관련된 것이 많아요. 또 학의 점잖고 우아한 자태를 빗대 남보다 뛰어난 사람을 이르는 표현도 많지요.

 **두루미 꽁지 같다**

두루미는 학의 우리말이에요. 학의 꽁지는 뭉툭하고 더부룩하게 생겼는데, 이런 학의 꽁지 모양에 빗대어 수염이 짧고 더부룩한 모습을 일컫는 말이에요.

 학 다리 구멍을 들여다보듯

어떤 사물을 골똘히 들여다보는 모양을 비유적으로 이르거나, 어떤 물건을 아주 소중하게 여기는 것을 두고 하는 말이에요.

 **학도 아니고 봉도 아니고**

학도 아니고 봉황도 아니고 결국 아무 것도 아니라는 뜻이에요. 이것도 저것도 아닌 애매한 상태나, 행동이 분명하지 않고 목표가 뚜렷하지 못한 상태를 비꼬아 하는 말이지요.

 ### 학이 곡곡 하고 우니 황새도 곡곡 하고 운다

학과 황새는 얼핏 보면 비슷해 보이지만 다른 새랍니다. 그러니 학이 곡곡 운다고 황새도 곡곡 울 수는 없지요. 그래서 이 속담은 남이 하는 일을 무턱대고 따라 하는 행동을 비유적으로 이르는 말이에요. 비슷한 속담으로 '새 오리 장가가면 헌 오리 나도 한다'가 있어요.

 ### 뭇 닭 속의 봉황이요 새 중의 학 두루미다

많은 평범한 사람 가운데 홀로 돋보이게 뛰어난 한 사람을 비유적으로 이르는 말이에요. '꿩 무리에 학', '까마귀 무리에 해오라기 하나'라고도 표현해요.

 ### 허리에 돈 차고 학 타고 양주에 올라갈까

이 속담은 중국에서 전해오는 옛이야기에서 비롯되었어요. 하루는 선비 넷이 모여 앉아 각자의 소원을 말하고 있었어요. 첫 번째 선비는 "양주자사가 되고 싶다."라고 했어요. 양주자사는 조선 시대 평양감사처럼 인기가 높은 관직이었지요. 두 번째 선비는 "억만금을 갖고 싶다."라고 했고, 세 번째 선비는 "학을 타고 하늘에 올라 신선이 되고 싶다."라고 했어요. 그러자 마지막 네 번째 선비가 "나는 십만 냥의 돈을 허리에 차고, 양주자사가 되었다가, 학을 타고 하늘로 올라 신선이 되었으면 좋겠다."라고 말했다지요. 네 번째 선비는 욕심도 참 많지요? 그래서 이 속담은 지나친 욕심을 탓하거나, 평생 이룰 수 없는 소원을 두고 한탄할 때 쓰는 말이랍니다.

성실한 일꾼 한국 소

"음매, 음매."

두 젊은이가 멍석과 종이를 쓰고서 소 흉내를 내며 마을을 돌아다녔어요. 소몰이꾼은 집 앞에 서서 큰 소리로 외쳤지요.

"주인 계시오? 옆집 누렁소가 고기와 술이 먹고 싶어 찾아왔소. 많이 나누어 주시오."

그러자 주인은 젊은이들을 반갑게 맞으며 음식을 내주었어요.

"많이 드시게."

"풍년이 들고 집안에 평화가 가득하길 빕니다."

음식을 받은 소몰이꾼은 집주인에게 복을 빌어 주었어요. 이때 뒤따르던 농악대가 신 나게 농악을 울렸지요. 농악에 맞춰 마을 사람들은 모두 흥겹게 춤을 추었고요.

이것은 정월 대보름에 하는 '소먹이놀이'예요. 이처럼 우리나라는 명절이 되면 지방마다 소와 관련된 놀이를 즐겼답니다.

소와 관련된 전통 민속놀이 하나를 더 소개할게요. 경상남도 진주 지방에서는 8월 한가위가 되면 '소싸움'을 해요. 마을에서 가장 힘센 소를 이웃 마을의 소와 겨루게 하는 것이에요.

"우리 얼룩이 잘한다. 힘내라!"

"누렁이 이겨라. 이겨라."

강변 모래밭이나 넓은 공터에 두 마리의 소를 세워 두고 마을 사람들은 열심히 자기 마을 소를 응원하지요.

"와! 우리 소가 이겼다. 이제 우리가 형님일세."

소싸움에서 진 마을은 다음 해 한가위까지 이긴 마을을 '형님 마을'로 불러야 했어요. 어때요? 참 재미있는 놀이지요?

이처럼 우리나라에는 소에 얽힌 풍습이 많았어요. 소먹이놀이나 소싸움은 물론 충청북도 진천에서는 소밤참주기 놀이를 했고, 경기도 양주에서는 소놀이굿을 벌였지요.

사람들은 이런 놀이를 즐기면서 마을이 평안하고 풍년이 들기를 빌었어요. 또 이웃 간에 따뜻한 정도 쌓았고요.

그런데 우리나라에 소와 관련된 풍습이 많은 까닭은 무엇일까요? 그것은 우리나라가 아주 오래전부터 농사를 천하의 근본으로 여겼기 때문이에요.

옛날에는 농사가 잘되어야 사람들이 먹고살고, 자식들 공부도 시키고, 나라에 세금도 낼 수 있었어요. 그런데 농사를 도맡아 해 주는 동물이 바로 소였지요.

그래서 가축 중에서도 특히 소를 아끼고 귀하게 생각하게 되었어요. 소중한 만큼 소와 관련된 놀이나 풍습도 많았던 거고요.

소는 약 1만 년 전부터 사람들과 함께 살았다고 해요. 소와 사람이 함께 생활한 시간이 긴 만큼, 소는 옛사람들의 생활과 깊은 관계가 있었지요.

옛날 부여에서는 소를 잡아 제사를 지내고 발굽의 상태를 살펴 미래를 내다보았다고 해요. 발굽이 벌어져 있으면 나라에 나쁜 일이 생기고, 붙어 있으면 좋은 일이 생긴다고 믿었지요.

신라 시대 때부터는 농사에 소를 이용하기 시작했어요. 소는 성질이 순박하고 온순해 부리기 쉬웠지요. 또 아주 성실하고 부지런했어요. 그래서 신라의 눌지왕은 백성들에게 소를 이용하여 수레 끄는 법을 가르쳤어요.

소가 도와주니 농사일이 아주 쉬워졌고, 수확량도 많아졌어요. 소는 무거운 짐도 날라주고 방아도 돌렸어요. 또 소를 이용해 물건을 실어 나르는 마차나 수레 등도 발달하기 시작했고요. 이렇게 소는 농사일에 없어서는 안 되는 가축이 되었어요.

소는 성질이 온순한 동물이에요. 참을성이 많아서 웬만한 일에는 놀라거나 화내지도 않지요.

소는 개처럼 재롱을 부릴 줄도 모르고 여우처럼 잔꾀를 낼 줄도 몰라요. 항상 똑같은 모습으로 묵묵히 일만 할 뿐이에요.

소의 이런 한결같은 모습에 견주어 사람들은 '황소처럼 고집이 세다', '소처럼 우직하다' 라고 말하기도 하지요.

또 옛날부터 전해오는 속담 중에는 '느릿느릿해도 황소걸음'이라는 말이 있어요. 이 속담은 너무 느려서 갑갑해 보여도 속은 알차고 탄탄하다는 뜻이에요. 재빠르진 않지만 부지런한 사람을 두고 하는 소리인데, 소처럼 조금씩 천천히 노력한다면 무엇이든 이룰 수 있다는 의미겠지요?

소의 눈을 본 적이 있나요? 소의 커다란 눈망울은 아이처럼 맑아요. 소의 행동이나 모습은 참 느긋하지요. 어미 소가 '음매' 하고 송아지를 부를 때면 참 정답게 느껴져요. 또 꼬리로 엉덩이를 쳐서 파리를 쫓는 모습은 매우 평화로워 보이고요.

이렇게 은근하고 끈기가 있고 여유로운 소의 모습은 우리 민족과 참 잘 어울렸어요. 그래서 옛사람들은 우직하고 듬직한 소의 성격을 칭찬했어요.

"소는 성질이 둔하여 웬만한 일에는 놀라지 않아서 좋소. 또 더러운 진창길이라도 가리지 않고 가니 좋소."

소는 우리 민족과 오랫동안 함께해 왔어요.

"저 밭의 소는 종일토록 일해도 괴로운 내색 하나 없지 않는가. 힘든 일을 하고도 고삐를 끌면 또 따라가지 않는가. 그건 참을 줄 아는 큰 사람의 행동이라네."

"소가 먹이를 여러 번 되새김질하는 것처럼, 사람도 같은 생각을 여러 번 신중하게 하고 나서 행동으로 옮겨야 한다네."

이렇게 옛 선비들은 소를 친구 삼고 스승 삼아 많은 것을 깨우치기도 했어요. 말 대신 소를 타고 나들이를 나가, 시를 지으며 한가로운 시간을 보내기도 했고요.

한국 소는 털의 색에 따라 누렁소, 검정소, 그리고 칡소가 있어요. 그중 칡소는 얼룩소라고도 하는데, 칡덩굴 같은 무늬가 있다고 해서 이름 붙여졌어요. 또 호랑이처럼 검은 줄이 세로로 있다 해서 '호반우(虎斑牛)'라고도 했고요.

예전에는 우리나라에 세 종류의 소가 고루 있었어요. 하지만 일제 강점기 때 일본인들이 검정소와 칡소를 일본에 많이 보내는 바람에 그 수가 점점 줄어들게 되었지요. 해방되고 나서도 누렁소만을 한국 소로 보존하게 되어 특히 칡소는 멸종 위기에까지 이르렀어요.

다행히 요즘 칡소의 가치를 알아보게 되어 멸종 위기의 칡소를 살려내는 일을 시작하게 되었어요. 경상북도 예천군 풍양면 낙상리에서는 마을 사람들이 '칡소 보존 운동'을 벌여 이 마을에서만 칡소가 50마리로 늘어나게 되었어요.

요즘은 구제역과 같은 병으로 죽게 되는 소들이 느는 만큼, 깨끗하고 안전한 곳에서 소를 더 잘 돌보아야겠어요.

백두 낭자·한라 도령과 함께 배우는 우리 동물 속담

소와 관련된 우리 속담

소는 성실하고 우직한 동물이에요. 우리 속담에서는 소가 묵묵히 일하는 모습을 고집 세고 우둔한 사람에 빗대어 표현하기도 했답니다.

 ### 쇠귀에 경 읽기

무슨 얘길 해도 알아듣지 못하는 것을 빗댄 속담이에요. 비슷한 속담으로 '말 귀에 염불'이란 표현이 있어요.

 ### 소 궁둥이에다 꼴 던진다

'꼴'은 소나 말에게 먹이는 풀이에요. 꼴을 주려면 소의 입에 주어야지 궁둥이에 주면 되겠어요? 그러니까 이 말은 아무리 애쓰고 밑천을 들여도 보람이 없다는 뜻이에요. 또는 미련한 사람에게는 좋은 교육도 효과가 없다는 뜻이지요.

 ### 소 힘도 힘이요 새 힘도 힘이다

새는 소보다 힘이 약하지만, 제 몸집에 맞는 힘이 있다는 뜻이에요. 마찬가지로 사람에게도 저마다 크나 작으나 제 능력이 있음을 이르는 속담이지요.

 ### 소 팔아 쇠고기 사 먹는다

농사도 짓고, 짐도 싣고, 온갖 집안일에 꼭 필요한 귀한 짐승인 소를 팔아서 그 돈으로 쇠고기를 사 먹는다면 어떻게 될까요? 이 속담은 큰 것을 버리고 작은 이익을 얻는 어리석은 경우를 비꼬는 말이랍니다.

 ### 소 뒷걸음질 치다 쥐 잡기

소가 뒷걸음질 치다가 얼떨결에 쥐를 잡게 되었듯, 어쩌다 우연히 공을 세운 경우를 비유적으로 이르는 말이에요.

 ### 소 잃고 외양간 고친다

소를 도둑맞은 뒤에야 허물어진 외양간을 고친다는 말이에요. 즉 이미 지나간 잘못은 손을 쓸 수 없고, 후회해도 소용없다는 뜻이지요.

 ### 소도 언덕이 있어야 비빈다

언덕이 있어야 소도 가려운 곳을 비비거나 언덕을 디뎌 볼 수 있다는 뜻으로, 의지할 곳이 있어야 일을 시작하거나 이룰 수가 있음을 뜻하는 속담이에요.

 ### 닭 소 보듯, 소 닭 보듯

소와 닭은 옆에 있어도 신경 쓰지 않고 아무 영향이나 피해를 주지 않아요. 그러니까 이 속담은 서로 아무 상관 없다는 듯 무심하게 보는 모양이나 관계를 비유적으로 이르는 말이에요.

하늘의 사냥꾼 매

황해도 구월산의 끝자락, 서해와 맞닿아 있는 이곳에 '장산곶'이라는 마을이 있어요.

장산곶 부근에는 매가 많았는데, 사람들은 이곳의 매를 전국에서 으뜸으로 쳤어요. 사람들은 이곳에 사는 매를 마을 이름을 따 '장산곶매'라고 불렀어요. 장산곶매는 용감하기로 이름나 이런 재미있는 전설이 전해져요.

장산곶매는 주변의 작고 약한 동물은 괴롭히지 않았대요. 대신 해마다 두 번 중국의 넓은 평원으로 큰 사냥을 떠났다고 해요.

사냥을 떠나기 전날 밤, 장산곶매는 자기 둥지를 부수고 부리질을 했지요. 그럴 때면 '딱 따악' 하고 부리질 하는 소리가 온 마을에 울렸어요. 그 소리가 마치 사냥을 나가기 전 온 힘을 다해 싸울 것을 결심하는 듯했어요.

매가 부리질 하는 소리가 들리면 마을에는 행운이 왔대요. 농사는 풍년이 들고, 바다에선 배가 가득할 정도로 고기가 잡혔지요. 사람들의 병이 낫고, 결혼 못한 처녀 총각은 좋은 짝을 만났어요. 자식이 없어 애태우던 부부에게도 귀한 아기가 생겼고요.

온 나라에 흉년이 들고 10년 동안 가물어도 장산곶만은 끄떡없었어요. 이렇게 장산곶은 살기 좋은 고장이었는데, 사람들은 그게 모두 장산곶매의 기운 때문이라고 믿었어요. 그래서 사람들은 이 매를 자랑스러워했고, 마을의 새라는 표시로 매의 다리에 끈을 묶어 두었지요.

그런데 하루는 장산곶에 큰 독수리가 쳐들어왔어요. 독수리의 몸집이 어찌나 큰지 마을 하늘을 다 가릴 것만 같았어요.

"아이고, 저 독수리가 집이고 마을이고 다 부수어 버리겠네."

"저런, 저런! 이를 어쩌나. 돌이네 송아지도 잡아가고, 농사지은 우리 논밭도 다 망쳐 놓네."

사람들은 두려움에 벌벌 떨었어요. 그런데 이때 장산곶매가 날아올라 독수리와 싸우기 시작했어요.

"와! 장산곶매가 날아올랐다."

사람들은 소리를 질렀어요. 하지만 독수리는 매보다 몇 배는 더 컸어요. 사람들은 가슴을 졸이며 하늘을 올려다보았어요.

"파드득."

"푸드덕."

하늘에는 두 새가 날갯짓하는 소리가 아주 크게 울렸어요. 싸움은 매우 오랫동안 계속되었어요.

마침내 장산곶매가 독수리의 날개 밑을 파고들었어요.

"와아!"

마을 사람들은 기운 내라고 매를 향해 소리를 질렀어요. 그 소리에 힘을 얻은 매는 독수리에게 힘껏 달려들었어요. 그러고는 하늘 높이 치솟아 올라 부리로 독수리의 머리를 쪼아 댔어요. 마침내 독수리는 아래로 곤두박질쳤어요.

"이겼다! 우리 매가 이겼어."

"장산곶매가 우리 마을을 구했다!"

마을 사람들은 기뻐서 소리를 질렀어요.

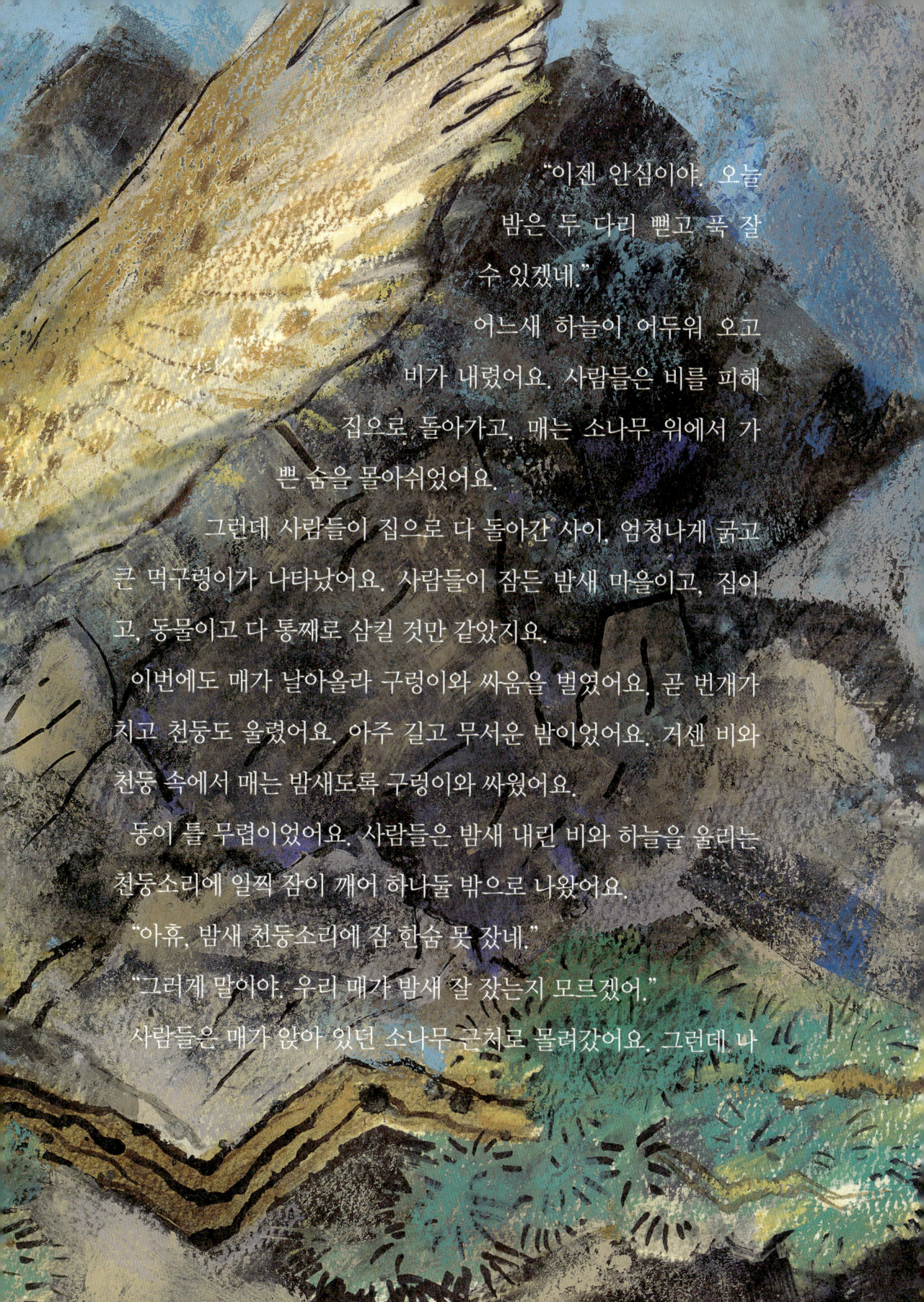

"이젠 안심이야. 오늘 밤은 두 다리 뻗고 푹 잘 수 있겠네."

어느새 하늘이 어두워 오고 비가 내렸어요. 사람들은 비를 피해 집으로 돌아가고, 매는 소나무 위에서 가쁜 숨을 몰아쉬었어요.

그런데 사람들이 집으로 다 돌아간 사이, 엄청나게 굵고 큰 먹구렁이가 나타났어요. 사람들이 잠든 밤새 마을이고, 집이고, 동물이고 다 통째로 삼킬 것만 같았지요.

이번에도 매가 날아올라 구렁이와 싸움을 벌였어요. 곧 번개가 치고 천둥도 울렸어요. 아주 길고 무서운 밤이었어요. 거센 비와 천둥 속에서 매는 밤새도록 구렁이와 싸웠어요.

동이 틀 무렵이었어요. 사람들은 밤새 내린 비와 하늘을 울리는 천둥소리에 일찍 잠이 깨어 하나둘 밖으로 나왔어요.

"아휴, 밤새 천둥소리에 잠 한숨 못 잤네."

"그러게 말이야. 우리 매가 밤새 잘 잤는지 모르겠어."

사람들은 매가 앉아 있던 소나무 근처로 몰려갔어요. 그런데 마무 밑에 커다란 구렁이가 죽어 있는 게 아니겠어요?

"어이쿠, 이렇게 엄청난 구렁이가 있다니!"

"우리 매가 또 마을을 구했네요. 우리 매는 무사한가요?"

사람들은 나무 위를 올려다보았어요. 그런데 나무 위에는 매가 피투성이가 된 채 죽어 있었지요.

자세히 살펴보니 나뭇가지에 매 다리가 묶여 있었어요. 사람들이 우리 마을의 매라는 표시로 매의 발에 묶어 놓은 끈이 나뭇가지에 엉켜 날지 못하고 뱀과 싸우다 상처를 입고 그만 쓰러진 거예요. 마을 사람들은 매의 죽음에 모두 슬피 울었답니다.

우리나라 매는 전설 속의 장산곶매처럼 날쌔고 용감하답니다. 몸집은 작지만 머리가 좋고 야무져 세계 으뜸이에요.

우리나라에는 10여 종류의 매가 있는데, 주로 바닷가의 높은 절벽 위에 둥지를 틀고 살아요. 몸 색깔은 잿빛이고 옆으로 검은 줄이 나 있다는 특징이 있어요.

매는 날쌔고 용감하면서도 사람과 쉽게 친해지는 새예요. 그래서 사람들은 매를 길들여 사냥하는 데 이용했어요.

옛 속담에 '꿩 잡는 것이 매'라는 말이 있어요. 매가 해야 할 일은 사냥이라는 뜻으로, 사냥하지 않는 매는 제 몫을 다하지 못한

다는 얘기이기도 하지요.

"매의 눈빛을 보니 활기가 넘쳐 있어. 오늘은 사냥을 많이 하겠어. 바람도 적당히 불고 말이야."

매는 동물을 잡기 좋은 뾰족한 발톱과 날카로운 부리를 가지고

있어요. 눈빛이 매섭고 몸놀림을 날쌔고요. 그래서 '쉬익' 하고 날개를 펼치며 높이 날아올라 숲 속이나 바닷가를 매섭게 살펴보고 한번 본 먹이는 절대 놓치지 않는답니다.

우리나라에는 고조선 때부터 길들인 매로 꿩이나 다른 새를 잡는 매사냥 풍습이 있었어요. 고려와 조선 시대에는 매사냥을 맡아보는 관청까지 따로 두었을 정도예요.

사냥하는 매를 '송골매' 라고 불러요. 그중 사람들이 새끼 때부터 길들인 매를 '보라매' 나 '해동청' 이라고 하지요. 그리고 산에서 스스로 자란 매는 '산지니' 라고 하고요.

옛날 우리나라 북부 지방의 해동청은 아주 용감하고 사냥을 잘해 중국과 일본에 수출했다고 해요. 중국 임금들은 항상 해동청을 탐냈고, 일본 왕실에서는 조선 매를 구하기 위해 무사들을 보내 몰래 잡아갔다고도 해요. 똑똑한 매 한 마리는 말 한 필과 맞바꾸기까지 했어요.

하지만 아무리 잘 길들인 매도 일 년이 넘으면 사람 곁을 떠나요. 매는 본래 자유로운 것을 좋아하는 새이기 때문이지요. 마음껏 하늘을 날고 자연 속에서 마음먹은 대로 사냥하는 게 매의 진짜 모습이니까요.

매와 관련된 우리 속담

매는 날렵하여 사냥에 많이 쓰이던 새이지요. 그래서 매와 관련된 속담은 매의 날쌘 모양을 비유하거나 사냥과 관련된 속담이 많답니다.

매가 꿩을 잡아 주고 싶어 잡아 주나

매는 주인이 시키는 대로 꿩을 사냥한다는 뜻으로, 남의 밑에서 일하는 사람이 마지못해 일하게 되는 처지를 비유적으로 이르는 말이에요

매를 꿩으로 보나

매는 꿩을 잡는 새잖아요? 그러니까 이 속담은 매섭고 사나운 사람을 순한 사람으로 잘못 보는 것을 이르는 말이에요. '매를 솔개로 보나'라는 속담도 있는데, 이 말은 잘난 사람을 못난 사람으로 잘못 봤다는 뜻이랍니다.

꿩 잡는 것이 매

매는 꿩을 사냥하는 게 제 일이듯, 사람도 이름과 역할에 어울리는 일을 해야 마땅하다는 뜻이에요.

 ### 떼 꿩에 매 놓기
무리 지어 몰려 있는 꿩 떼에 매를 풀어주었더니, 매가 어떤 꿩을 잡을지 갈팡질팡하다가 꿩을 한 마리도 못 잡았다고 해요. 그 모양을 빗대어 이것저것 고민하다 좋은 기회를 다 놓치고 만다는 뜻으로 쓰이는 속담이에요.

 ### 시치미 떼다
'시치미'는 매의 주인을 표시하기 위해 주인의 주소를 적어 매 꽁지에 매어 둔 이름표에요. 만약 시치미를 떼면 누구의 매인지 알 수 없겠지요? 그러니까 이 말은 자기가 하고도 하지 않은 체하거나, 알고도 모르는 척한다는 뜻이지요.

 ### 매 앞에 뜬 꿩 같다
매한테 쫓기는 꿩처럼 막다른 위기에 놓인 다급한 처지를 이르는 말이에요.

 ### 매 밥만도 못하다
음식이 아주 적은 양임을 이르는 말이에요.

 ### 날개 부러진 매라
위세를 부리던 사람이 큰 상처를 입어 힘없이 된 것을 비유적으로 이르는 말이에요. 같은 표현으로 '끈 떨어진 뒤웅박', '줄 없는 거문고', '날개 없는 봉황', '구슬 없는 용', '그물에 든 고기요 쏘아 놓은 범이라' 등이 있어요.

교과가 튼튼해지는
우리 것 우리 얘기

조상들과 오랜 세월 함께해 온 정다운 우리 동물 이야기, 잘 읽어 보셨나요?

우리나라 산과 강, 계곡 곳곳에는 이 동물들의 이름을 딴 지명들이 많아요. 지역이 생긴 유래와 생김새에 따라 그에 맞는 동물 이름이 붙여졌는데, 여기에는 우리가 잘 아는 곳이나 우리가 살고 있는 동네도 있을 거예요.

그럼 재미있는 동물 지명을 함께 알아보아요.

재미있는 동물 지명 이야기

마을, 산, 고개, 바위 등 다양한 곳에 동물과 관련된 이름이 숨어 있어요.
전국 팔도를 돌아보며 함께 동물 지명을 찾아볼까요?

 호랑이 관련 지명

경상북도 포항에 '호미곶'이라는 지역이 있어요. 이곳은 우리나라 지도 전체를 호랑이에 비유했을 때 호랑이 꼬리 부분에 자리하고 있다고 해서 호미(虎尾)라는 이름이 붙었답니다. 그 밖에도 경북 문경시 호계면, 경북 예천군 호조면, 경기도 안성시 복호리 등이 있어요.

포항 호미곶은 해맞이 명소로 유명해요.

 까치 관련 지명

전남 강진군 조천면은 '까치가 노는 시내'라는 뜻을 가지고 있어요. 경북 월성과 충남 천안에는 까치성이 있고, 전북 정읍의 내장산과 경북 영천, 강원도 고성, 전남 보성에는 까치봉이 있지요. 또 전남 신안과 충북 음성에는 까치섬이 있고, 충북 청원과 전북 순창에는 까치바위가 있답니다.

내장산 까치봉은 등산객들이 많이 찾아요.

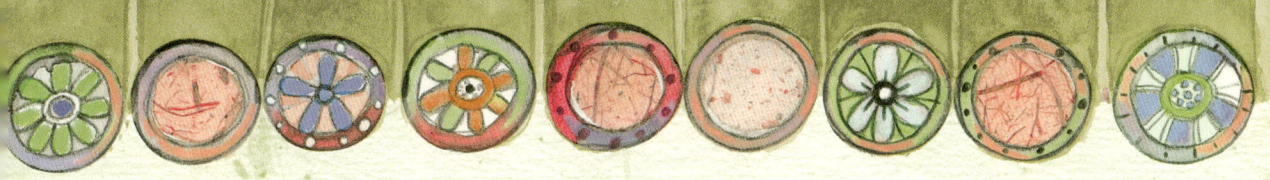

거북 관련 지명

거북을 뜻하는 지명에는 '거북 구(龜)' 자가 들어간 것이 많아요. 마을 앞 냇가에서 거북이 놀았다 하여 이름 붙은 경기도 화성의 구천, 거북의 꼬리라는 뜻의 경북 구미시, 거북이 엎드려 있는 모양이라 이름 붙은 경남 의창군 구산면 등이 있지요. 또 수로왕의 전설이 전해오는 경남 김해시 구산동에는 구지봉이라는 작은 산봉우리도 있답니다.

김해시에 있는 수로왕릉이에요.

곰 관련 지명

창원 불모산에는 '곰절'이라는 절이 있어요. 이 절은 임진왜란 때 불에 타서 다시 짓게 되었는데, 이때 곰이 절터에 나무를 물어다 놓았다고 해서 곰절이라고 부르게 되었대요. 또 충남 공주의 옛 이름인 웅진은 '곰나루'라는 뜻에서 붙여진 이름이에요. 공주시에는 아직도 곰나루라는 나루터가 있는데, 이곳은 사람과 혼인한 암곰이 남편이 아이와 함께 떠나자 이를 슬퍼하며 강물에 몸을 던져 죽었다는 슬픈 전설이 내려온답니다. 그 밖에도 곰과 관련된 지명에는 선사 시대 유적이 있는 울산 울주군 웅천면과 창원의 웅산 등이 있어요.

공주시 웅진동 금강변의 곰나루예요.

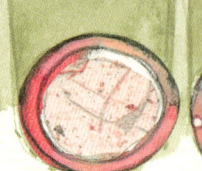

말 관련 지명

일산의 마두동은 근처의 정발산에서 볼 때, 동네 모양이 말의 머리 모양과 닮았다고 하여 마두(馬頭)라는 이름이 붙었어요. 또 전북 진안군 마이산은 산꼭대기 쌍봉의 모양이 말의 귀와 같아서 마이(馬耳)라는 이름이 붙었지요. 그 밖에도 서울 마장동은 말을 키우던 곳이었고, 서울 양재동 사거리는 옛날 관리들이 쉬면서 말에게 여물을 먹이던 곳이어서 말죽거리라고 불렸답니다.

말의 귀를 닮았다는 마이산 쌍봉이에요.

매 관련 지명

서울 응봉동은 옛날 임금님이 매를 놓아 사냥을 한 곳이라 해서 붙은 이름이에요. 또 서울 응암동은 매 모양의 바위가 있어 예부터 '매바윗골'이라고 불렀어요. 근처에 있는 약수도 이 바위 이름 때문에 '매바위약물(응암약수)'이라고 불렀고요. 강원도 삼척시에 있는 산은 동해를 굽어보는 산의 모습이 매를 닮아서 응봉산이라 불러요. 이렇게 '응봉'이란 이름이 붙은 산은 서울에만도 10개 정도가 있고, 전국에서도 경기도 가평, 전북 임실, 경북 울진 등 수 없이 많답니다.

서울 응봉산에 봄을 알리는 개나리가 활짝 피었어요.

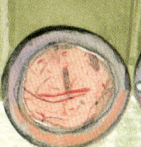

학 관련 지명

울산에는 학과 관련된 지명이 많아요. 울산의 무학산은 춤추는 학의 모습을 닮았다고 하여 붙은 이름이에요. 또 울산의 가지산에는 학소대라는 곳도 있지요. 그 밖에도 학이 날아가는 모습의 땅이라는 전남 영암군 학산면, 학과 관련된 전설이 남아 있는 공주시 탄천면의 학마을이 있어요. 또 경북 울진군 오곡리에는 학이 날아간 우물이란 뜻의 나라실이 있고, 경남 하동에 자리한 지리산 청학동도 유명하지요.

지리산 청학동은 신선이 학을 타고 노닐던 곳이라고 해요.

소 관련 지명

서울 도봉산에는 모양이 소의 귀처럼 보이는 봉우리가 있어요. 그래서 '쇠귀봉'이라고도 하고, 한자로 '소 우(牛)', '귀 이(耳)' 자를 써서 우이봉이라고도 해요. 이 우이봉 아래에 있는 마을이 바로 서울 우이동이지요. 서울 아현동에 있는 다리는 큰 소가 길을 가다 굴레를 벗어 놓은 곳이라 해서 '굴레방다리'라고 불렀어요. 또 제주도 동쪽에 있는 우도는 섬 전체 모양이 소가 누워 있는 것 같다고 하여 붙여진 이름이랍니다.

소의 모습을 닮았다는 우도의 모습이에요.

〈오십 빛깔 우리 것 우리 얘기〉 시리즈
권별 교과 연계표

국 국어　**사** 사회　**과** 과학　**도** 도덕　**음** 음악　**미** 미술
체 체육　**실** 실과　**바** 바른 생활　**슬** 슬기로운 생활　**즐** 즐거운 생활

- 신 나는 열두 달 명절 이야기　　사 3-2　사 5-1　사 5-2　슬 1-2
- 관혼상제 재미있는 옛날 풍습　　국 1-2　국 4-1　사 3-2　사 5-2
- 조상들은 어떤 도구를 썼을까　　국 2-2　사 3-1　사 5-1　미 5-2
- 옛날엔 이런 직업이 있었대요　　국 5-1　국 6-2　사 3-1　사 4-2
- 꼭 가 보고 싶은 역사 유적지　　국 4-1　국 4-2　사 6-1　사 6-2
- 신토불이 우리 음식　　국 3-1　사 3-1　사 5-1　사 6-2
- 어깨동무 즐거운 우리 놀이　　국 4-1　사 5-2　체 4　즐 2-2
- 나라를 다스린 법 백성을 위한 제도　　사 3-2　사 4-1　사 6-1　사 6-2
- 하늘을 감동시킨 효자 이야기　　도 3-1　도 5　바 1-1　바 2-2
- 오천 년 지혜 담긴 건물 이야기　　국 4-1　국 4-2　사 5-1　사 5-2
- 세계가 놀란 발명 이야기　　국 3-1　국 5-2　사 3-1　사 5-2
- 빛나는 보물 우리 사찰　　국 4-1　사 6-2　바 2-2
- 나라의 자랑 국보 이야기　　국 5-2　사 6-1　사 6-2　바 2-2
- 나라를 지킨 호랑이 장군들　　국 4-2　사 6-1　사 6-1　바 2-2
- 오천 년 우리 도읍지　　국 4-1　사 5-2　사 6-1
- 하늘이 내린 시조 임금님들　　국 6-2　사 5-2　사 6-1　바 2-2
- 옛날 관청과 공공시설　　사 3-1　사 3-2　사 6-1　사 6-2
- 옛사람들의 우정 이야기　　국 4-1　국 6-2　도 3-1　바 1-1
- 얼쑤 흥겨운 가락 신 나는 춤　　국 6-1　국 6-2　사 3-1　음 3
- 아름다운 독도와 우리 섬　　국 2-1　국 4-2　국 5-2　사 4-1
- 오천 년 우리 강 이야기　　사 3-2　사 5-1

- 생명의 보물 창고 우리 생태지 　국 2–1　국 4–2　사 6–1　과 5–2
- 우리가 지켜야 할 천연기념물 　국 2–1　과 3–2　과 4–1　과 5–2
- 놀라운 발견 생활의 지혜 　국 2–1　국 2–2　사 3–1　사 5–1
- 옛사람들의 교통과 통신 　사 3–2　사 4–1　사 5–2
- 민족의 영웅 독립운동가 　국 6–2　사 6–1　바 2–2
- 교과서 속 우리 고전 　국 3–1　국 4–2　국 5–1　국 6–2
- 우리 국토 수놓은 식물 이야기 　국 1–1　국 5–1　과 4–2　바 1–2
- 우리 조상들의 신앙생활 　국 5–2　사 3–2　사 5–2　사 6–1
- 안녕 꾸러기 친구 도깨비야 　국 2–2　국 3–1　국 4–1　사 3–2
- 빛나는 솜씨 뛰어난 재주꾼들 　국 4–2　사 6–1　음 4　미 3, 4
- 아름다운 궁궐 이야기 　국 4–1　사 6–1　미 5　바 2–2
- 전설 따라 팔도 명산 　국 2–1　국 2–2　사 5–1　음 6
- 방방곡곡 우리 특산물 　사 3–1　사 4–1　사 5–2
- 수수께끼를 간직한 자연과 문화 　국 4–1　사 5–2　바 2–2
- 알쏭달쏭 열두 띠 이야기 　국 3–1　사 3–2　사 5–2　사 6–1
- 천하제일 자린고비 이야기 　국 6–2　사 4–2　도 5　실 5
- 본받아야 할 우리 예절 　국 3–2　도 4–1　도 5　바 2–1
- 이야기가 술술 우리 신화 　국 1–2　국 6–2　사 3–2　사 5–2
- 머리에 쏙쏙 선조들의 공부법 　국 4–1　국 4–2　국 6–2　도 3–1
- 역사를 빛낸 여자의 힘 　사 6–1　바 2–2
- 신명 나는 우리 축제 　사 3–1　사 4–1
- 우리가 알아야 할 북한 문화재 　국 4–2　사 5–1　바 2–2
- 조상들의 지혜 전통 의학 　사 5–1　사 5–2　과 5–2
- 큰 부자들의 경제 이야기 　사 3–2　사 4–2　사 5–2　슬 2–2
- 멋스러운 옛시조 흥겨운 우리 노래 　국 3–1　국 4–1　국 5–1　국 6–1
- 봄 여름 가을 겨울 24절기 　사 5–1　사 6–1　과 6–2　슬 6–2
- 멋스러운 우리 옛 그림 　국 4–2　사 6–1　미 3, 4　미 5
- 나누는 즐거움 우리 공동체 　국 1–2　사 3–1　사 5–2　체 4
- 정다운 우리나라 동물 이야기 　국 2–1　국 3–1　국 4–1　과 3–2

오십 빛깔 우리 것 우리 얘기 50
정다운 우리나라 동물 이야기

초판 1쇄 인쇄 | 2012년 2월 16일
초판 1쇄 발행 | 2012년 2월 23일

글쓴이 | 우리누리
그린이 | 허구

발행인 | 김우석
제작 총괄 | 손장환
책임 편집 | 이정은
편집 | 최은정
마케팅 | 공태훈, 김동현, 이진규

디자인 | 레드스튜디오
인쇄 | 성전기획

발행처 | 중앙북스
등록 | 2007년 2월 13일 제2-4561호
주소 | (100-732) 서울시 중구 순화동 2-6번지
편집문의 | (02)2000-6324
구입문의 | 1588-0950
팩스 | (02)2000-6174
홈페이지 | www.joongangbooks.co.kr

ⓒ 우리누리 2012

ISBN 978-89-278-0130-6 14800
      978-89-278-0092-7 14800(세트)

이 책은 중앙북스(주)가 저작권자와의 계약에 따라 발행한 것이므로
이 책 내용의 일부 또는 전부를 이용하려면 반드시 중앙북스(주)의 서면 동의를 받아야 합니다.

• 많은 사람이 최선을 다해 만든 책입니다.
   그러나 혹시라도 잘못된 내용이 있으면 편집부로 연락바랍니다.
• 잘못 만들어진 책은 구입하신 서점에서 교환해 드립니다.
• 주니어중앙은 중앙북스의 어린이 책 브랜드입니다.

＊주니어중앙 카페에서 이 책과 관련된 독후활동 자료를 무료로 다운 받으실 수 있습니다.
   http://cafe.naver.com/jbookskid